戎光祥
郷土史叢書
03

小弓公方足利義明［改訂新版］

戦国北条氏と戦った房総の貴種

千野原靖方
Sennohara Yasukata

戎光祥出版

はじめに

十六世紀前半、古河公方足利政氏《こがくぼうあしかがまさうじ》と嫡子高基《たかもと》（初名高氏《たかうじ》）の政治的な対立は、関東足利氏の正嫡争いの抗争へと変移していったが、この公方家の内紛は上杉《うえすぎ》氏ら関東諸士を巻き込んで展開される。兄高基に対抗した弟の義明《よしあき》は、下総国下河辺庄高柳《しもうさのくにしもこうべのしょうたかやなぎ》（埼玉県久喜市高柳）から上総国《かずさのくに》の真里谷武田《まりやつたけだ》氏の招請を受けて同国へ移り、永正《えいしょう》十七年（一五二〇）六月頃から翌十八年（大永《だいえい》元年／一五二一）八月以前に、下総国小弓《おゆみ》城（生実城／千葉市中央区）へ入城し、ここを御所と定めて自立した。以後、天文《てんぶん》七年（一五三八）十月の義明滅亡まで長きにわたって小弓・古河両軍の間で戦闘が繰り広げられることになったのである。

本書では、房総で勢力を伸張し地域権力として君臨した小弓公方足利義明について、その生い立ちから滅亡に至るまでの歴史過程を、真里谷武田氏・里見《さとみ》氏・正木《まさき》氏・千葉《ちば》氏・原《はら》氏・高城《たかぎ》氏など周辺の領主層、並びに小田原北条《おだわらほうじょう》氏や御所近臣らの動向と絡めてその全容を素描した。また、義明滅亡後のその遺児らについても些か言及した。

本書執筆にあたっては、先学の研究成果を参考にさせていただきながら、新たな視点で小弓公方足利義明に関してとらえ、その事跡を出来得る限り明確化することに主眼を置いて追究・検証を試みた。だが、それも不十分であることは否めず、いまだ実態が不明な部分も多く、また史料等の個々の検討など、今後に期すべき課題も残る。小弓公方足利氏の問題解明のため、今後さらなる研究の進展が望まれるところであり、その意味で本書がその一助となれば誠に幸いである。

なお、本書は平成二十二年（二〇一〇）四月に『小弓公方足利義明―関東足利氏の正嫡争いと房総諸士―』と題して刊行（崙書房出版）したものである。すでに十三年を経て絶版となっていたが、このたび思いがけなく戎光祥出版株式会社・石渡洋平氏から、本書の改訂新版を刊行したいというお話をいただいた。小弓公方足利義明の生涯・歴史過程を扱った専論的な単行本は、今なお本書以外にないとのご指摘とともに、復刊の要望も多いとうかがい、これに意を強くしてありがたく応諾した次第である。

改訂新版の刊行にあたっては表題を改め、小見出しの改変や加筆訂正を行った。また、誤字等の訂正、写真・図版の差し替えを行ない、引用古文書に関しては現代語訳をし、また主要なものに「読み下し」の文を付して便宜をはかった。

二〇二三年三月

千野原靖方

目次

[関東足利氏略系図]

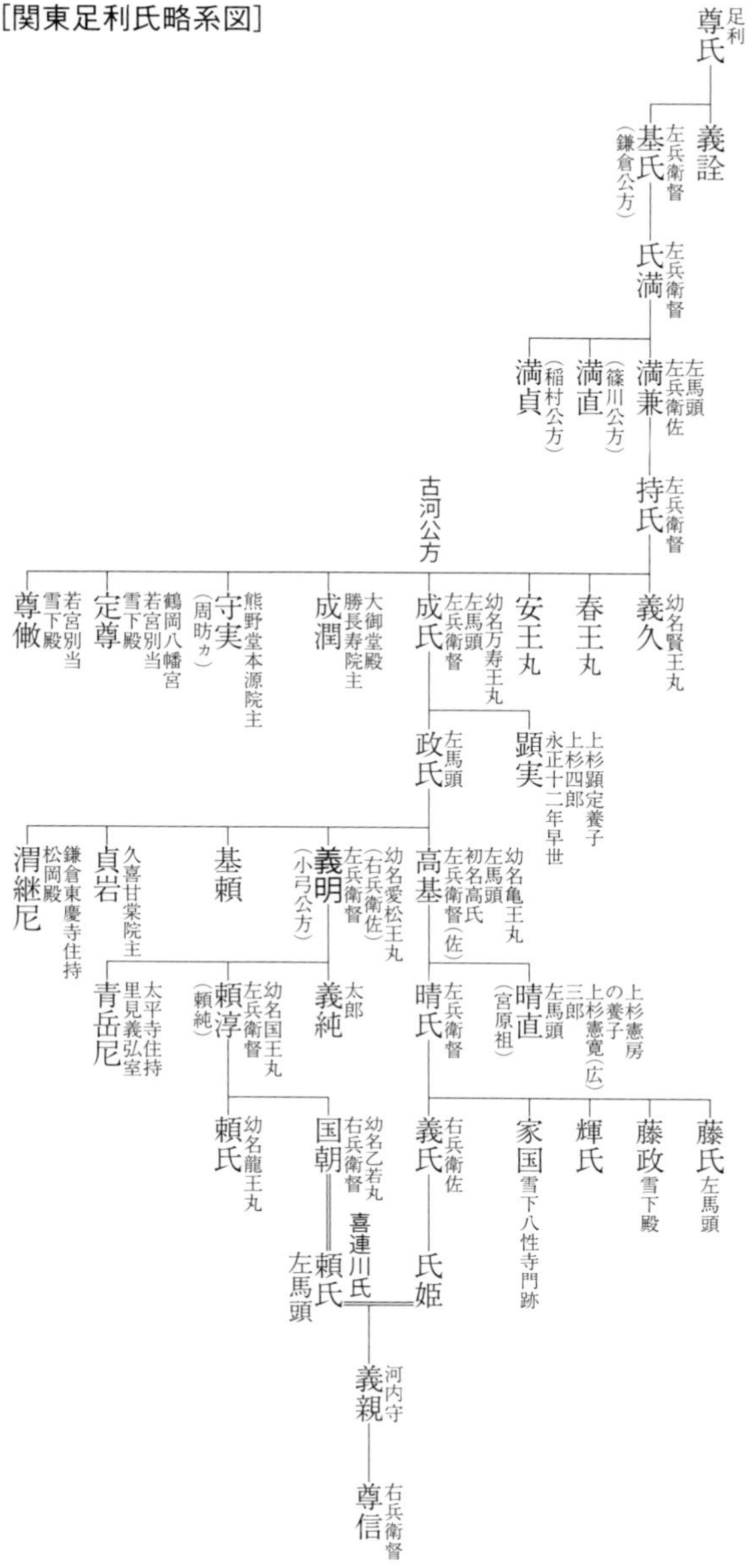

足利 尊氏
義詮
基氏 左兵衛督（鎌倉公方）
氏満 左兵衛督
満兼 左馬頭 左兵衛佐
満直（篠川公方）
満貞（稲村公方）
持氏 左兵衛督
古河公方
義久 幼名賢王丸
春王丸
安王丸
成氏 幼名万寿王丸 左馬頭 左兵衛督
成潤 大御堂殿 勝長寿院主
守実 熊野堂本源院主（周昉カ）
定尊 鶴岡八幡宮若宮別当 雪下殿
尊倣 若宮別当 雪下殿
顕実 上杉顕定養子 上杉四郎 永正十二年早世
政氏 左馬頭
高基 幼名亀王丸 左馬頭 初名高氏 左兵衛督（佐）
義明 幼名愛松王丸（右兵衛佐） 左兵衛督（小弓公方）
基頼
貞岩 久喜甘棠院主
渭継尼 鎌倉東慶寺住持 松岡殿
晴直 上杉憲房の養子 上杉憲寛（広） 三郎 左馬頭（宮原祖）
晴氏 左兵衛督
義純 太郎
頼淳 幼名国王丸 左兵衛督（頼純）
青岳尼 太平寺住持 里見義弘室
藤氏 左馬頭
藤政 雪下殿
輝氏
家国 雪下八性寺門跡
義氏 右兵衛佐
国朝 幼名乙若丸 右兵衛督
頼氏 幼名龍王丸
喜連川氏
氏姫
頼氏 左馬頭
義親 河内守
尊信 右兵衛督

[真里谷・長南両武田氏略系図]

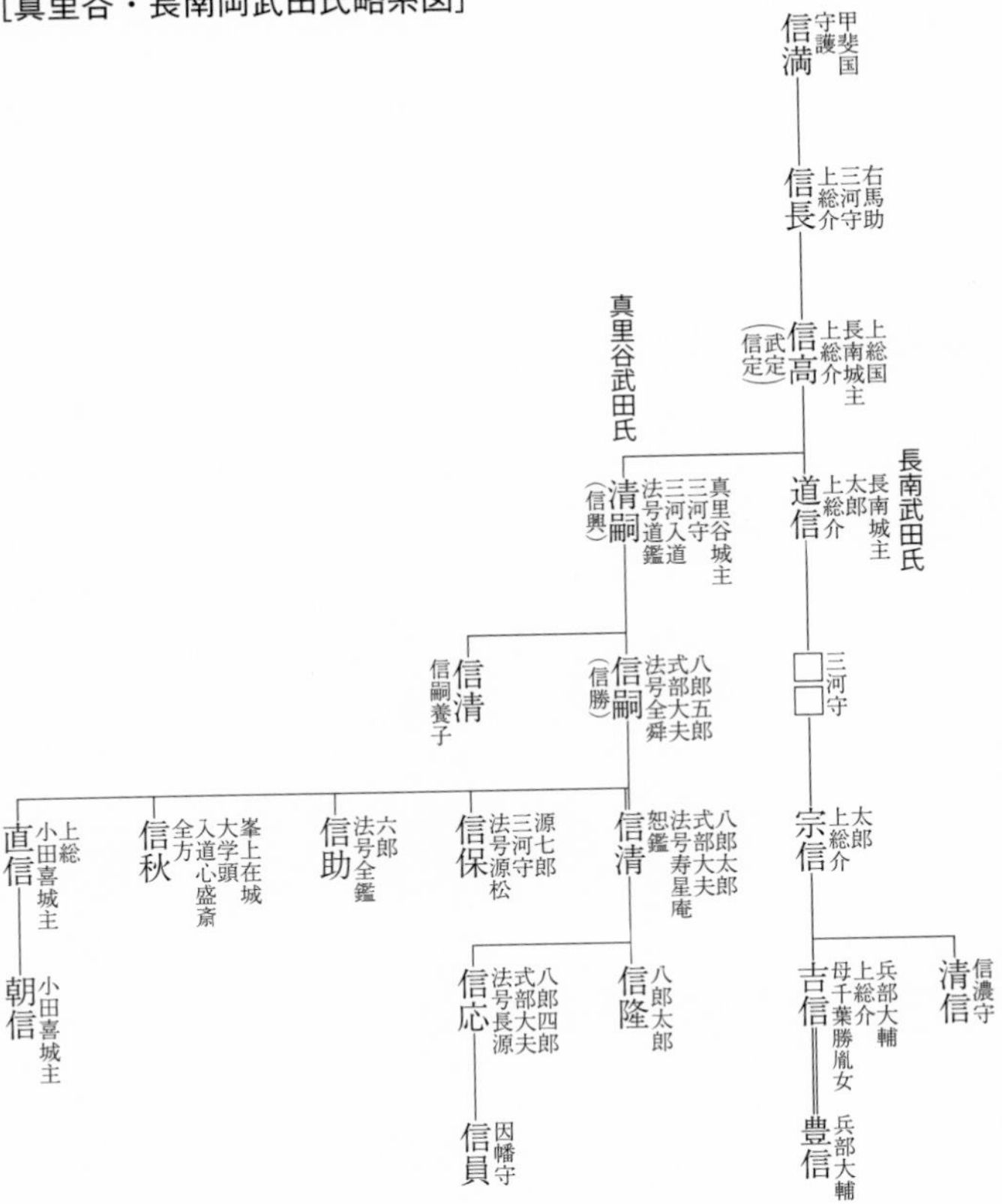

第一章　足利義明の生い立ち

一、愛松王丸から空然・雪下殿へ

享徳《きょうとく》三年（一四五四）十二月二十七日、鎌倉公方足利成氏《しげうじ》は関東管領《かんとうかんれい》山内《やまのうち》上杉憲忠《のりただ》を鎌倉西御門《にしみかど》の御所に召し出し、近臣の結城成朝《ゆうきしげとも》・武田信長《のぶなが》・里見義実《よしざね》・印東式部少輔《いんとうしきぶのしょう》らに憲忠主従を襲わせてこれを謀殺した。ここに「享徳の乱」が引き起こされたが、この憲忠謀殺事件に端を発して関東は内乱状態となり、中世の社会秩序を根底から揺り動かすことになった。

そして、関東の諸勢力は下総国古河城（茨城県古河市）に新たな御所を構えた古河公方足利成氏と関東管領上杉氏の両派に分裂して抗争を繰り広げる。やがて山内・扇谷《おうぎがやつ》両上杉氏の対立・交戦へと進み、さらに小田原北条氏（伊勢宗瑞《いせそうずい》・氏綱《うじつな》）の勢力伸張と、これに抵抗する諸氏との戦いへと続き、関東は戦国動乱の時代を迎えるのである。

誕生と得度

足利義明は、山内・扇谷両上杉氏の抗争（長享《ちょうきょう》の乱）のさなかの長享年間（一四八七～九）頃、古河公方足利成氏の嫡子政氏《まさうじ》の二男として生まれた。幼名を「愛松王丸《あいしょうおうまる》」といった。なお、政氏には文明《ぶんめい》十七年（一四八五）頃に誕生した嫡子高基（幼名亀王丸《かめおうまる》／初名高氏《たかうじ》）以下、義明（愛松王丸／空然《くうねん》／八正院殿《はっしょういんどの》）・基頼《もとより》・貞岩《じょうがん》（武州《ぶしゅう》久喜甘棠院主《かんとういん》）・女子（渭継尼《いけいに》・松岡殿《まつおかどの》／鎌倉東慶寺《とうけいじ》住職）の五人の子女があったという。(1)

明応《めいおう》六年（一四九七）九月、足利成氏が六十四歳で没したのち、愛松王丸は幼少にして鎌倉鶴岡《つるがおか》八幡宮若宮別当《はちまんぐうわかみやべっとう》（雪下殿《ゆきのしたどの》・社家様《しゃけさま》）である尊㑹《そんじょう》（足利持氏《もちうじ》の子）の養子となり、その職の継承者に位置付けられている。その後、文亀《ぶんき》年間（一五〇一～四）には、古河公方足利政氏のもとで得度《とくど》して「空然」と名を改め、正式に「雪下殿」の地位を継承したといわれる。このとき愛松王丸＝空然は、十五歳になっていたと推定される。また、鶴岡八幡宮裏の八正寺谷《はっしょうじ》（鎌倉市雪ノ下／供僧《ぐそう》坊・二十五坊跡）にあった八正寺（院）を院号として、「八正院殿」と称したとも伝えている。

この養父の尊㑹は足利成氏の弟にあたり、下総国下河辺庄高柳（埼玉県久喜市）に座所を構えて兄定尊《じょうそん》の跡を継承して鶴岡八幡宮若宮別当となった。これによって雪下殿として関東の御料所《ごりょうしょ》内諸社寺に対する宗教的支配権を握り、政治的支配権を行使する兄古河公方成氏を援けて、鎌倉府（古河公方）体制における政教両支配の一翼を担っていたが、この信教界支配の権力を愛松王丸＝空然が引き継いだことになる。

「愛松王丸」時代に発給した文書

義明の幼年期について、それを物語る史料等はほとんどないのが現状である。しかし、その幼名「愛松王丸」の署名で発給された文書が現在までに十二通ほど残されており、これらは義明の幼年期の活動を窺わせる数少ない史料であるため、ここで順に紹介してみよう。愛松王丸並びに社家奉行人・奏《そう》者《しゃ》（取次役）のその副状《そえじょう》は表1のようなものが残されている。(2)

表1の①②③文書は、年甫《ねんぽ》（年始・年頭）の祝詞として御茶進上を受けた愛松王丸の返礼の書状であり、また、④⑤⑥文書は進上の「御樽《たる》」（酒垂／御酒・樽酒か）以下に対する返礼である。宛所の龍福院《りゅうふくいん》・千手院《せんじゅいん》・延命院《えんめいいん》・金剛乗院《こんごうじょういん》（三嶋院）は、足利氏の氏寺である下野国足利庄内鑁阿寺《ばんなじ》（栃木県足利市）の堀外に配置された同寺支院（十二坊）であり、その院主・供僧へ宛てたものである。堀西の龍福院および堀北の延命院が、「年行事」（一年交替の総代役）を務めている。

また、⑦⑧文書は、鑁阿寺の「寺務代」職について、「如実済之時、当千手院良済」に仰せ付けた旨を龍福院主へ伝えた愛松王の書状、並びに雪下殿愛松王丸の奏者・正覚院《しょうがくいん》（鎌倉鶴岡八幡宮供僧坊二十五院の一）権大僧都《ごんのだいそうず》弘勝《こうしょう》のその副状である。次いで⑨⑩文書は、年行事を務める龍福院から到来した「樽以下」に対する愛松王の返礼の書状、及び同院からの「御樽御進上」を愛松王へ披露して

No	年月日	文書題名	内容
①	正月12日	宮内卿公御房宛愛松王書状	お茶を貰ったことのお礼
②	正月12日	龍福院宛愛松王書状	茶百袋届いたことのお礼
③	正月12日	治部卿律師御房宛愛松王書状	お茶を貰ったことのお礼
④	5月8日	千手院宛愛松王書状	酒が届いたことのお礼
⑤	5月14日	延命院宛愛松王書状	酒を貰ったことのお礼
⑥	5月14日	金剛乗院宛愛松王書状	酒が届いたことのお礼
⑦	6月5日	龍福院宛愛松王書状	寺務代について
⑧	6月5日	龍福院宛正覚院弘勝副状	⑦に添えて出されたもの
⑨	6月11日	龍福院宛愛松王書状	酒が届いたことのお礼
⑩	6月11日	龍福院宛牧定基副状	⑨に添えて出されたもの
⑪	6月14日	千手院宛愛松王書状	小庭（籾一石）を所望する旨を伝えたもの
⑫	6月14日	千手院宛正覚院弘勝書状	御前帳に坪付された籾石の進上を求めたもの
⑬	8月20日	千手院宛愛松王書状	藤沢入道への指南を指示
⑭	8月20日	千手院宛牧定基副状	⑬に添えて出されたもの
⑮	12月23日	龍福院宛愛松王書状	巻数をいただいたことのお礼
⑯	12月23日	龍福院宛正覚院弘勝副状	⑮に添えて出されたもの
⑰	12月24日	鑁阿寺宛愛松王書状	巻数を貰ったことのお礼
⑱	12月24日	千手院殿宛弘教副状	⑰に添えて出されたもの

表1　愛松王丸・社家奉行人・奏者発給文書一覧（いずれも年未詳、出典は鑁阿寺文書、史料1）

御書が出された旨を報じた社家奉行人・奏者の牧法眼定基《まきほうげんじょうき》のその副状である。牧定基は、雪下殿定尊―尊倣―愛松王丸（空然）の三代にわたって奉行人・奏者を兼務して仕えたという。

⑪⑫文書は、愛松王が鑁阿寺支院の堀西の千手院に対して、院家中へ所望した「小庭《こにわ》」（籾摺《もみすり》一石の称）が届けられれば、これを受け入れる旨を告げている。正覚院弘勝のその副状では「御前可被

立御坪候」によって、各々より「石進上《こく》」があれば「可為御悦喜之由、被仰出候」ことを伝えている。

さらに⑬⑭は、千手院に対し「藤沢入道」が罷り越したならば懇切に指南をいたすように命じた愛松王の書状および牧定基の副状である。⑮⑯は、龍福院から進上された「歳暮之御祈禱」の巻数《かんず》に対する愛松王の返礼の書状と、正覚院法印弘勝のその副状だが、とくに同副状においては古河への吹挙《すいきょ》のことも仰せを受けて取り次いだので、定めて古河様（足利政氏）よりも御書が出されるであろうと述べている。同じく⑰⑱の文書も、歳暮の御祈禱の巻数進上に対する返礼の愛松王書状・大法師弘《こう》教《きょう》（正覚院か）副状である。

「雪下殿空然」時代に発給した文書

文亀年間（一五〇一～四／文亀三年頃とも）、愛松王丸は出家して法名空然を称した。その座所（居館）は定尊・尊倣以来の下総国下河辺庄高柳（宝聚寺《ほうじゅじ》／埼玉県久喜市高柳）といわれる。この空然時代の発給文書を表2に掲げよう。(3)

表2の①②の文書は、鑁阿寺東側堀外の同支院（十二供僧坊の一）の年行事・六字院主へ宛てた「榧以下」進上に対する空然の返礼の書状、および法眼牧定延《じょうえん》（定基）の副状である。愛松王丸が得度して空然を号したのを機に、社家奉行人・牧定基は名を「定延」に改めたという。その副状では、定延へも珍物の「御榼《たる》」（酒樽）が送られてきたので、その礼を述べている。

No	年月日	文書題名	内容
①	4月22日	六字院宛空然書状	酒が届いたことのお礼
②	4月22日	六字院宛牧定延副状	①に添えて出されたもの
③	5月9日	等覚院宛空然安堵状	岩井堂日金について
④	5月18日	治部卿律師御房宛空然書状	酒が届いたことのお礼
⑤	6月4日	刑部卿律師御房宛空然書状	酒が届いたことのお礼
⑥	6月4日	安養院宛尊教副状	⑤に添えて出されたもの
⑦	6月16日	小山成長宛空然書状	横合につき警固の家臣を派遣
⑧	9月3日	六字院宛空然書状	蝋燭を貰ったことのお礼
⑨	12月23日	六字院宛空然書状	巻数が届いたことのお礼
⑩	12月24日	二位律師御房宛空然書状	巻数が届いたことのお礼

表２　空然発給文書一覧（いずれも年未詳、出典は鑁阿寺文書、史料２）

③は、鎌倉鶴岡八幡宮の供僧坊二十五院のひとつである等覚院《とうがくいん》（賢助《けんじょ》カ）に対し、雪下殿空然が「岩井堂日金事」について如来僧正《にょらいそうじょう》（別当尊運《そんうん》）の証文に任せ、その成敗（支配・処置）を認めた安堵状《あんどじょう》（写）である。

④は「梔以下」の返礼の書状で、⑤⑥文書は鑁阿寺の堀西の支院・年行事安養院《あんよういん》へ宛てた「梔以下到来」に対する空然の返書、並びに鎌倉鶴岡八幡宮供僧坊・正覚院主尊《そん》教《きょう》（弘勝の後継者）の副状である。尊教へ送られた「御酒・麺子《めんす》」の礼も述べられている。

⑦は、下野国《しもつけのくに》小山《おやま》城（栃木県小山市）の小山下野守（成《しげ》長《なが》）に対し、警固のための人数派遣を命じたもの。

⑧⑨⑩の文書は、六字院主から進上された「御蝋燭《ろうそく》」の返礼および「歳暮之巻数到来」の礼状である。

二、永正の乱と足利義明

古河公方家における「両上様」の争い

古河公方足利政氏の嫡子「若御料《わかごりょう》」（童名《わらわな》亀王丸）が、明応年中の後半頃（明応四年〈一四九五〉から文亀元年〈一五〇一〉の間）の十月十三日に、京都よりの将軍足利義高《よしたか》（のち義澄《よしずみ》）の諱《いみな》「御一字下着」を受けて、翌十一月に元服して「高氏」と名乗った。(4) その後、永正三年（一五〇六）四月二十三日、古河公方足利政氏と高氏の間が「御父子不快ニテ御分リ」の事態となり、高氏は妻（瑞雲院殿《ずいうんいんでん》／足利晴氏《はるうじ》母）の実父である宇都宮成綱《うつのみやしげつな》を頼って古河から下野の宇都宮（宇都宮市）へ移座した。(5) いわゆる永正の乱といわれる古河公方家内の「両上様」による権力抗争の勃発である。

この内乱に、公方政氏の弟顕実《あきざね》を養子としていた関東管領山内上杉顕定《あきさだ》は、政氏・高氏の両上様の争いが関東に破滅をもたらしかねないことを危惧して和議斡旋に乗り出した。顕定は出家し「可諄《かじゅん》」と号して両者の仲介に立ち、また、高氏を支持する下総関宿城《せきやど》（千葉県野田市）の簗田《やなだ》氏に働きかけ、永正六年（一五〇九）六月二十三日に「両上様御一和」を成立させた。これによって高氏は古河城へ帰座し、名を「高基《たかもと》」と改めている。

しかし、翌年の永正七年（一五一〇）に入ると事態は急変した。同年六月十二日付で下野国足利庄の長尾但馬守《ながおたじまのかみ》（景長《かげなが》）へ宛てた上杉可諄（顕定）書状（写）によると、「伊勢宗瑞至于武州出張、既椚田自落無人数之間、不可拘段」（伊勢《いせ》宗瑞《そうずい》が武蔵に出陣したため、すでに椚田《くぬぎだ》城（東京都八王子市）が没落し、兵がなく城を抱えていられない事態）が伝えられている。

さらに「雪下殿御造意連続、当太田荘火手見候歟」とあり、雪下殿空然が上杉氏に対して造意《ぞうい》（反乱・陰謀）を企て、武蔵太田《おおた》庄（埼玉県久喜市・白岡市）で兵を挙げたといい、また、「然而雪下殿御企無紛候」（したがって空然の企てはまぎれもないことです）とも報じている。そうした中、高基が「連々御退屈故」（だんだんとしだいに嫌気がさしてきたことが原因で）古河から簗田高助《たかすけ》の関宿城へ移座したため、古河公方足利政氏・高基父子の抗争が早くも再燃したのである。

そして同月二十日には、上杉顕定が越後国《えちごのくに》守護代・長尾為景《ためかげ》と戦って同国長森原《ながもりはら》（新潟県南魚沼市）で討ち死にしてしまった。その養子である顕実が山内家の家督を継いで関東管領職に就き、実兄である古河城の公方足利政氏を援けたが、これに対してもう一人の顕定の養子憲房《のりふさ》（上杉憲忠の弟周清《しゅうせい》の子）は、関宿城の足利高基と結んで対抗した。この段階において、空然は父政氏に反抗して兄高基方に与していたとみられる。(6)

「空然」から「宗斎」へ改名

永正七年（一五一〇）の「雪下殿御造意連続」（空然殿の反逆が連続している）、「雪下殿御企無紛候」

（空然殿の企てはまぎれもない）という展開に際して、この頃に空然は「宗斎《そうさい》」と名乗りを改めた。次の文書は、空然の高柳から小山方面への出陣を示すもので宗斎の署名がみえる唯一のものだが、この宗斎が空然＝義明と同一人であるとされるのは、花押形の一致によることが指摘されている（史料3――①「小山下野守宛 宗斎書状」(7)）。

この宗斎の名の由来は、宗の字義が根本・本源・本家・本宗・長《おさ》のことで、尊ぶ・貴いなどの意もあることから、父政氏や兄高基に対抗して足利家の宗主・世嗣（本家の後継者）を主張し始めたことを示すものではなかろうか。右書状にみえる逸見《へんみ》氏は、こののち義明の奉行人筆頭（逸見山城守／逸見山城入道祥仙《しょうせん》）として、その御威光を支えて活躍するが、この宗斎への改名の段階で早くも権力的自立を志向し、それを表明したものであったのかもしれない。

還俗して「義明」と名乗る

永正九年（一五一二）六月十九日付の（充所欠）扇谷《おうぎがやつ》上杉建芳《けんぽう》（朝良《ともよし》）書状によれば、「両君〈政氏・高基〉御間儀」は平穏なことを切に願うが、その対立は「逐日《ちくじつ》〈日を追って〉増進」している。また、足利政氏と結ぶ上杉顕実と高基を支援する上杉憲房の間も、「是又色々様々」の教訓（諫《いさ》めること）をなしたが事成さず、剰《あまつさ》え顕実の武蔵鉢形《はちがた》城（埼玉県大里郡寄居町）が三日も相拘《かか》えられず六月十七日に落城したという。この鉢形城攻撃は、上杉憲房の家宰《かさい》長尾但馬守景長らによるもので、これに参戦した上野国新田庄《にったのしょう》（群馬県太田市周辺）の横瀬《よこせ》新六郎や武蔵の安保丹四郎《あぼたんしろう》らが戦功を賞され、七月二日付で足利高基・簗田高助から感状および副状を賜わっている。

この抗争は結局、高基・憲房側が勝利し、顕実は古河城の兄政氏を頼った。しかし、その古河城にも高基の圧力が及んで、七月上旬、政氏は「高基不孝之処、関東之諸士同心仁企不儀候条、不及是非次第候」（高基を義絶・勘当したところ、関東の諸士が高基に同心して不義を企てる事態となったが、これは仕方のないやむを得ないことです）として古河城を退いた。そして、小山成長を頼って下野国小山城へ移り、かわって関宿城にいた高基が古河城へ入ったのである。これによって高基の古河公方としての地位が確定し、「古河様」と尊称されるに至った。(8) 古河公方足利高基の成立に伴い、宗斎（空然）は還俗《げんぞく》し、源氏の嫡流につけられる「義」の字をとって「義明」と名乗り、宗斎段階より一層の自立志向を明確化したのであった。

鉢形城跡　室町時代後期以降、武蔵北部の最重要拠点として機能していた城郭である　埼玉県寄居町

永正十二年（一五一五）には足利政氏を支えた上杉顕実が没し、高基と結んだ上杉憲房が新たに山内家の家督を相続して関東管領になったため、小山政長《まさなが》（成長の子）が高基に通じるという変化

甘棠院の四囲を巡る空堀跡　埼玉県久喜市・甘棠院

足利政氏の墓　埼玉県久喜市・甘棠院

が起こった。そのため小山にいた政氏は、翌十三年（一五一六）十二月に扇谷上杉建芳（朝良）を頼って武蔵岩付《いわつき》城（さいたま市岩槻区）へ移っている。こうした情況に、下河辺庄高柳の義明は父政氏と結び、その政氏の後継者として自らの存在を位置付け、兄高基に対抗した。

永正十五年（一五一八）四月二十一日、扇谷上杉建芳が死去すると、庇護者を失った政氏は武蔵太田庄の久喜甘棠院（埼玉県久喜市）に隠《いん》遁《とん》し、ここに政治生命を終えた。しかしこのあと、今度は政氏の後継者としての立場を主張した義明と古河の高基が関東足利氏の正嫡をめぐり、天文七年（一五三八）に義明が滅亡するまで長きにわたって抗争を展開することになる。

三、公方家の権力抗争と房総諸士の動向

上総真名城主・三上氏の乱

永正十年代の上総・下総国境地帯では、小櫃川《おびつがわ》流域の上総畔蒜庄《かずさあびるのしょう》を支配し、養老川《ようろうがわ》流域の市原《いちはら》郡方面へ勢力を拡大した真里谷城（千葉県木更津市）の真里谷武田式部大夫《しきぶのたいふ》信清《のぶきよ》（法名寿星庵恕鑑《じゅせいあんじょかん》）・同三河守《みかわのかみ》信保《のぶやす》、長南《ちょうなん》城（同長生郡長南町）の長南武田氏らをはじめ、下総小弓城（千葉市中央区）の原《はら》胤隆《たねたか》および同長子の孫次郎基胤《まごじろうもとたね》、さらに弥富《やとみ》城（岩富城／千葉県佐倉市）・小西《こにし》城（同大網白里市）の原氏一族、上総二宮庄《にのみやのしょう》真名《まんな》城（三上《みかみ》城／同茂原市）の三上佐々木《ささき》氏、土気《とけ》・東金《とうがね》両城（千葉市緑区／千葉県東金市）の両酒井《さかい》氏、下総臼井《うすい》城（佐倉市）の臼井氏などがいた。それらの諸勢力は、足利政氏・高基・義明および関東管領上杉憲房・扇谷上杉建芳（朝良）・同朝興《ともおき》、相模の伊勢宗瑞・氏綱《うじつな》らの動向と絡んで、離合集散を繰り返していたのである。

永正十三年（一五一六）八月二十三日には、足利政氏派の扇谷上杉建芳が真名城の三上但馬守《たじまのかみ》の軍勢二千余騎をもって高基派の拠点・千葉亥鼻《いのはな》城（千葉市中央区）を攻めさせており、同城方の「原蔵人丞《くろうどのじょう》」（法名朗壽《ろうじゅ》）・「東《とうの》六郎」以下諸人が討ち死にしている。[9] この戦いについては、『千学集抜粋』[10]の中に、「三上の乱」との記述でみえる（史料3―②）。

一、七社の宮の代表、八人の宮人、四人の八乙女（神事に奉仕する若い女性）が参って、千葉勝胤《ちばかつたね》が国中の祈願をおっしゃった。昔は妙見宮《みょうけんぐう》では、三上の乱のときから祈願するようになった、と三上但馬守が申した。

一、一条院《いちじょういん》薄墨の御証文は、範覚《はんがく》（第十二代北斗山金剛授寺住持《ほくとさんこんごうじゅじ》・妙見座主《ざす》）の時代に亥鼻を持っていて、永正十三年八月二十三日、三上但馬守二千騎が押し寄せて攻め落とした。このとき、薄墨の御証文は宝物と一緒に失った。

なお、この一条院（一条天皇）薄墨の御証文については、同じく『千学集抜粋』(10)に、

一、下総国北斗山金剛授寺は、一条院の勅願所《ちょくがんしょ》にして、本尊は妙見大菩薩《みょうけんだいぼさつ》である。大僧正覚算《だいそうじょうかくさん》和尚が長保《ちょうほう》二年（一〇〇〇）九月十三日に開基し、下総権介平忠常《ごんのすけたいらのただつね》が建立した。一条院薄墨の御証文（一条天皇の綸旨《りんじ》）があるという。代々の住持は、権大僧都・権少僧都・権律師《りっし》・阿闍梨《あじゃり》といった僧官（僧綱《そうごう》）に任ぜられている。

とある。また、『千葉実録』には、三上但馬守が「千葉城へ夜討に押し寄せ、城も塀も打破り」火を掛けたと記されており、加えて「人皇六十六代、一条院薄墨の綸旨、此の時の猪の鼻落城に焼失すとなり、頃は永正十三年丙子八月廿三日」と付記している。

永正十三年（一五一六）七月、相模国三浦郡新井城《さがみのくにみうらぐんあらい》（神奈川県三浦市）の三浦氏を滅ぼした伊勢宗瑞は、同年十一月、次いで上総国へ渡海して三上佐々木氏の二宮庄《にのみや》（千葉県茂原市）内へ進攻した。真名城の南東、藻原《もばら》の妙光寺《みょうこうじ》（のち藻原寺《そうげんじ》／茂原市）に対して制札《せいさつ》が出されている（史料3―③）[11]。

翌十二月、足利政氏が扇谷上杉氏を頼って武蔵岩付城へ移ると、古河城の高基と政氏の後継者として政治的な立場を主張する義明との新たな対立の構図が生じた。義明と結ぶ宗瑞に二宮庄を攻められた三上佐々木氏は、高基派に属して原氏と連携し、宗瑞および真里谷武田氏に相対する。そして、永正十四年（一五一七）の「三上・真里谷ノ取リアヰ」において、「早雲衆《そううんしゅう》」（宗瑞の手勢）が義明派の真里谷武田氏を支援したと伝え、また、同年五月十五日には弥富郷（千葉県佐倉市岩富町周辺）における合戦で、弥富原氏一族の「原孫九郎〈朗久〉」（原景広《かげひろ》〈法名朗真《ろうしん》〉の子）が討ち死にしている[12]。上総国の二宮庄から市原郡市原庄にかけて、宗瑞の手勢と真里谷武田氏の軍勢が展開し、高基派の拠点である原氏の小弓城並びに三上佐々木氏の真名城（三上城）に迫っていたことが推察される。

こうして同年十月に至り、小弓・真名両城への攻撃が開始された。

小弓・真名〈三上〉両城の陥落

北条氏綱が檀那となって推し進められた鎌倉鶴岡八幡宮造営の際に、同宮供僧相承院快元《そうしょういんかいげん》が享禄五年（一五三二）五月十八日から天文十一年（一五四二）五月十四日までの造営の情況を記した『快元僧都記』[13]という史料がある。そこには、足利義明を擁立した真里谷武田氏の小弓・三上両城攻撃に関し、次のようにみえる（史料3―④「天文六年十二月条」）。

小弓公方義明は古河公方高基様の御連枝《ごれんし》（弟）である。先年、父の政氏様から勘当され、奥州に下った。その後、上総の真里谷武田三河守入道と小弓城主原二郎の間で合戦が起こり、毎回小弓方が打ち勝っていた。そこで武田方は自力では勝てないと考え、奥州にいた義明を招請して擁立し、三上城・小弓城を落とした。原二郎と家老の高城越前守父子は討ち死にし、高城下野守は逃亡した。義明様は小弓城に移り、安房里見氏・常陸鹿嶋《かしま》氏や武蔵小府（埼玉県久喜市菖蒲町）の佐々木氏らを従えて、勢力を拡大し、御家風《ごかふう》（威勢）は広く東国にゆき渡った。近年は「小弓上様（小弓公方）」と称されているという。

これによれば、真里谷武田氏は永正十四年（一五一七）十月十三日に三上佐々木氏の三上城（真名城）を落とし、次いで同十五日に小弓城を攻め落として原二郎および家郎《かろう》高城越前守父子を滅ぼし、同下野守（胤忠《たねただ》）が逐電《ちくてん》（逃亡）したことを伝えている。この両城攻撃には、おそらく伊勢宗瑞の軍兵も真里谷武田氏に加担したであろう。ただし、足利義明の奥州下向については、『喜連川判鑑《きつれがわはんかがみ》』などにも「御舎弟右兵衛佐《うひょうえのすけ》義明、先年御父政氏ト御不和ノ事有テ、奥州へ落玉フ」とみえるが、これを裏付ける確実な徴証はない。この当時、義明は下総国下河辺庄高柳にいたことが、次の常陸南部（信太《しだ》庄／茨城県稲敷郡）の臼田《うすた》太郎宛足利政氏（法名道長《どうちょう》）書状（史料3―⑤）によって推察されている[14]。

佐竹徳寿丸（義篤《よしあつ》）に申し上げたこと、その通り書状にしたためました。もっとも、その件を知っているとのことで、私は喜んでいます。今後は疎略であってはならない。以前のように書状をしたためるように。関東の安全を考えて、前代未聞の家督相続を行い、関宿への移座を切望したが、世上がこのようになってきたので、（関宿には行けませんでした？）。義明とは日に日に仲良くなっているので、こちらからも諸事□□□するので、（臼田も）高柳（義明）へ忠節を尽くすことに専念してください。すこしも裏切るようなことを考えてはいけません。よくよくその旨知っておいてください。高柳（義明）からも必ず話があると思います。最近疎遠の由、よろしくありません。

詳細は正哲《しょうてつ》から申し伝えします。

この前年の永正十三年（一五一六）十二月、高基に敗れた足利政氏は、下野小山城から扇谷上杉建芳（朝長）を頼って武蔵岩付城へ移った。右の書状からは、このあと政氏と義明が「逐日懇《ねんごろ》候」の関係になったことがわかり、これにより義明が政氏の後嗣《こうし》として古河城の高基に対抗する存在となった。そして、政氏は常陸の臼田太郎に対して「高柳〈義明〉へ忠節」を致すように求め、そのうえで改めて臼田氏へ「従高柳も定而可□〈被〉申遣候」ことを伝えたのである。また、『快元僧都記』の記事から、高柳に近い太田庄内の「小府」の佐々木氏が義明に付き随ったことがわかる。

三上城（真名城）・小弓城が陥落したあと、上総国二宮庄真名の三上佐々木氏は義明に属したと伝える。[15]一方、小弓城から逐電した高城下野守（胤忠《たねただ》）は西下総へ本拠を移し、永正十二年（一五一五）

二月二十五日に没した小金城《こがね》（松戸市）主・高城和泉守《いずみのかみ》の跡を受け継ぐ形で高城一族の嫡流となった。以後、原氏とともに古河公方足利高基派として、対義明の最前線を支えることになる。[16] さらに、真里谷武田氏に味方して三上佐々木氏を攻略した伊勢宗瑞は、同氏の地盤であった上総二宮庄内に所領を獲得している。永正十六年（一五一九）四月二十八日、宗瑞が箱根別当職を受け継いだ子息菊寿丸《きくじゅまる》（北条長綱《ながつな》／幻庵宗哲《げんあんそうてつ》）に与えた所領注文の中に「一、卅くわん《貫》文、かつさのくに二ミや《上総国二宮》のねんく《年貢》のうちニてしよしやう」、および「一、千くわん《貫》文、かつさの国二のミやねんく、たいくわんしゅ《代官衆》別ニあり」がみえる。[17]

これより前の永正十五年（一五一八）二月頃、宗瑞は家督を嫡子氏綱（三十一歳）に譲っている。翌十六年七月には病に倒れた宗瑞（八月十五日死去／八十八歳）にかわって氏綱が上総へ渡海し、二宮庄へ兵を進めて同庄内の所領の確保をはかるとともに、藻原の妙光寺へ「軍勢甲乙人等、不可致濫妨狼籍《藉》」との制札を与えている。[18]

【註】

（1）『古河公方系図』『喜連川判鑑』

（2）『鑁阿寺文書』／戦国遺文古河公方編

（3）『鑁阿寺文書』『新編鎌倉志巻之四』『古河歴史博物館所蔵文書』／戦国遺文古河公方編

(4)古河市史資料中世編・戦国遺文古河公方編『楓軒文書纂』
(5)『喜連川判鑑』『古河公方系図』
(6)『喜連川判鑑』／古河市史資料中世編『岡部家文書』『新集古案』／神奈川県史資料編3『相州文書所収足柄上郡利右衛門所蔵文書』『新集古案二』
(7)戦国遺文古河公方編『小山文書』
(8)古河市史資料中世編『堀内文書』『由良文書』『安保文書』『白土文書』『秋田藩採集文書』／戦国遺文古河公方編『東京大学文学部所蔵由良文書』『埼玉県立文書館所蔵安保文書』『白土文書』『秋田藩家蔵文書一〇・五一』
(9)『本土寺過去帳』下廿三日
(10)国立公文書館〈内閣文庫〉所蔵本
(11)千葉県の歴史資料編中世3『藻原寺文書』
(12)千葉県史料中世篇諸家文書『藻原寺文書』仏堂〈像〉伽藍記／『本土寺過去帳』中十五日／拙著『下総原氏・高城氏の歴史』〈上巻・第一部原氏〉参照
(13)鶴岡平氏綱再興記〈「神道大系神社編二十鶴岡」所収／「群書類従」所収〉
(14)戦国遺文古河公方編・古河市史資料中世編『臼田文書』
(15)日本民俗誌大系巻八関東『真名城主由来記』
(16)『本土寺過去帳』『千学集抜粋』
(17)千葉県の歴史資料編中世4・神奈川県史資料編3・小田原市史史料編中世Ⅱ小田原北条1『箱根神社文書』
(18)『藻原寺文書』

第二章　小弓公方の成立と抗争

一、真里谷武田氏が足利義明を上総に招く

上総の八幡御所へ入る

下総国下河辺庄高柳にいた足利義明が、上総国の真里谷武田氏の招請を受ける形で同国へ入部したのは、永正十五年（一五一八）七月頃であろうか。年未詳七月十一日付の鑁阿寺《ばんなじ》支院（供僧坊十二院の一）普賢院《ふげんいん》宛て不動寿丸《ふどうじゅまる》書状には次のようにみえる（史料4）[1]。

雪下殿義明様の上総国への進発につき、ご祈禱《きとう》の依頼のため書状をしたためました。それというのも、こちらから鑁阿寺（年行事普賢院）にこのことを申すようにとのことだったので申し上げました。よくよく（念入り）のご祈禱のご精誠《せいせい》（まごころを尽くすこと）をいたされるのは、めでたく喜ばしいことです。

この文書の差出者である不動寿丸については不明だが、「雪下殿様〈義明〉総州御進発」に際して、

普賢院へ年行事の職務である「御祈禱」が依頼されている。その年次は、十二院交替制の年行事に普賢院が寅の年に勤めていたことから、永正十五年（戊寅《つちのえとら》）に比定されるという。であれば、義明の総州への進発は永正十五年七月ということになるが、その入部先は当初より真里谷武田氏が攻略した下総の小弓城だったのだろうか。小弓城に移座する以前、義明が然るべき由緒の地にいったん座所を構えたとすれば、その地は上総国の八幡御所がまず想起されるのである。

八幡御所跡に残る白旗神社　千葉県市原市

雪下殿義明の権力が古河公方足利氏の御連枝《ごれんし》および鎌倉鶴岡八幡宮若宮別当として、鎌倉府御料所内の諸社寺支配を担っていたことを勘案すれば、その最初の入部地は、義明由緒の市原《いちはら》八幡宮（飯香岡《いいがおか》八幡宮／千葉県市原市八幡）が鎮座する古くから足利氏の所領であった上総国市原庄（「市東西両郡」）内がふさわしい。市原庄八幡郷（同）の地は、両総国境の村田川を挟んで小弓城の南東に位置し、一帯には八幡御所跡（同市五所字居下・大郭《おおぐるわ》）や義明寄進の八幡宮「一之大鳥居」、あるいは義明の舎弟基頼《もとより》奉納の「御太刀一振」、義明御祈願・真里谷式部入道恕鑑奉行《ぶぎょう》による八幡社殿の御屋根葺替《ふきかえ》などの所伝がある。

また、市原庄周辺の養老川流域には、足利氏根本被官《こんぽんひかん》の椎津二階堂《しいづにかいどう》氏・皆吉《みなよし》氏・村上《むらかみ》氏・大坪《おおつぼ》氏・高滝《たかたき》氏・多賀《たが》氏・佐々木氏らの諸氏が拠っており、こうした条件も義明の最初の入部地が市原庄八幡郷の八幡御所であったことを想定させるが、残念ながらまだ確証を得られず推測の域に留まる。(2)

このほか、『里見九代記』(第二)には「社家様には下総の関宿并《ならびに》生実の八幡に、御殿を作て御住居なり」と記されている。さらに『上総国誌』(上総諸城誌)には「市原郡八幡御所趾、足利義明自小弓徙居《しきょ》之、稱社家公、又号八省院公方」とあり、また『房総志料』(巻三・上総附録)は「市原郡八幡村の八幡神社は百五十石の神料を附す、別当を若宮寺といふ、真言派なり、塔中十三院、按に、此寺に小弓御所義明の興廃記せしもの数多あり」と伝える。

なお、義明の上総入部は、下河辺庄高柳から古利根・太日川《ふとひがわ》水系を船で下り、江戸湾を南下して市原八幡浦ないしは小弓城下の曽我《そが》〈蘇我〉・浜野《はまの》(千葉市中央区)付近に至ったことが考えられ、この海上ルートの警固には真里谷武田氏の水軍が活躍したことであろう。

古河公方足利高基が椎津要害を攻撃

さて、永正十五年(一五一八)頃の上総国真里谷城の城主は、武田信嗣《のぶつぐ》(信勝《のぶかつ》とも)の養子(実は信嗣弟)の武田式部大夫信清(法名寿星庵恕鑑《じゅせいあんじょかん》)であったとみられる。また、信嗣の実子には三河守信保《のぶやす》(三河守入道/法名源松《げんしょう》)・六郎信助《のぶすけ》(法名全鑑《ぜんかん》)・大学頭信秋《だいがくのかみのぶあき》(入道心盛斎全方《しんせいさいぜんぽう》)・直信《なおのぶ》(上総小田喜《おだき》城)らがいた。(3) このうち、小弓城の原氏および真名城の三上佐々木氏と戦ってこれを攻略し、足利義明を招請した中心人物は、真里谷城の信清（入道恕鑑）と信保の二人であったと推定される。

永正十六年（一五一九）八月、古河公方足利高基は上総へ移座した義明の敵対行動を抑止するため、下総の結城《ゆうき》六郎（小山高朝《たかとも》）や常陸の羽生《はにゅう》上総介・菅谷《すげのや》摂津守（勝貞《かつさだ》／小田《おだ》政治《まさはる》の代官）らの軍勢を率いて自ら出馬し、同月十九日、義明を支える真里谷武田氏の軍事拠点である上総の「椎津《しいづ》要害」（椎津城／市原市）を攻めた。

この高基の軍事行動は、常総内海（現霞ヶ浦・北浦）の水運との関係が推定される同沿岸の常陸行方郡羽生舟津（茨城県行方市）を知行した羽生氏、並びに同信太庄土浦《つちうら》城（同土浦市）主の菅谷氏らの水軍勢力に依拠して行なわれたと考えられる。とくに菅谷氏は勝貞自身が「大将として出張《でば》」り、大軍に討ち勝ち、古河公方高基より感状を賜わったという。後年、菅谷氏の一族には、里見氏の水軍拠点である安房勝山《かつやま》城（安房郡鋸南町）の城将・勝山氏（「本氏は菅野谷也」「菅野屋〈谷〉勝山也」／「稲村合戦以後、龍崎・菅谷・安田等を浜手の城々に置たり」）や、北条氏配下の相模三浦衆「菅谷源次郎」「菅谷織部丞」らがおり、水軍勢力としての同氏の性格が汲み取れる。[4]

当時、すでに江戸湾沿岸の品川《しながわ》・六浦《むつら》・船橋《ふなばし》など諸浦・湊と古利根川・太日川水系の小金・関宿・古河などの津々を結ぶ物流・交通網が存在しており、[5]高基はこの河川・海上ルートによって水軍を派遣し、椎津城下の姉崎《あねがさき》湊へ押し寄せて同要害を攻撃したとみられる。また、古河から常陸川（現利根川）を通って下総国印旛浦《いんばうら》沿岸の千葉勝胤の本拠地・本佐倉《もとさくら》城（千葉県印旛郡酒々井町）の城下・浜

No	年月日	文書題名
①	9月16日	結城六郎宛 足利高基書状
②	8月23日	菅谷摂津守宛 足利高基書状写
③	8月24日	菅谷摂津守宛 足利高基書状写
④	8月26日	建請首座宛 足利高基書状写
⑤	9月3日	渡辺新兵衛尉宛 足利高基書状写
⑥	9月10日	羽生上総介宛 足利高基書状写

表3　椎津攻めに関する足利高基の感状一覧（いずれも永正16年、史料5）

宿付近に上陸して、千葉氏の手勢とともに椎津城へ押し寄せた軍勢もあったかもしれない。足利高基がこの椎津攻めに際し、結城六郎（のち小山高朝）に対して出陣を要請した文書、合戦で活躍した菅谷氏や羽生氏らに与えた感状（写）を表3に掲げる。(6)

さらに同年十月十一日、高基は義明の調伏《ちょうぶく》を祈願して、鎌倉鶴岡八幡宮若宮神主（大伴時信《おおとものときのぶ》）に対し近日とりわけて祈禱精誠するように依頼している。(7)

椎津城および姉崎湊は、真里谷武田氏の本拠地・真里谷城の北西十五キロメートル余に位置し、江戸湾を挟んで武蔵の扇谷上杉氏や房総の里見氏・正木氏らと連係するうえでの軍事・経済両面における重要拠点であった。その椎津城を高基に攻撃されたことで、義明方の扇谷上杉氏・里見氏・正木氏および真里谷武田氏が制海権を握ってきた江戸湾に対し、常総内海・常陸川水系を地盤とする古河公方足利高基の進出という事態を危惧した義明方は、以後、高基との海上・河川交通網をめぐる対抗を激化させることになる。高基との軍事的対決が不可避となったことで、義明の座所の条件として一《いっ》に要害性が求められることになった。

下総小弓城へ移り道哲と号する

そこで、上総椎津城が攻撃された後に、真里谷武田氏は義明の座所として、もと原氏の居城で今は武田氏の持城《もちじろ》となっていた下総小弓城を御所とすることを企図した。そのため前提として、周辺の上総・下総両国一帯の高基派勢力の掃討《そうとう》を行なう必要が生じ、義明の命により安房の里見義通《よしみち》の軍勢が出動して最前線で軍事活動を展開している。これにより、義明の小弓移座に対する妨害を抑止した。

この頃から、義明は道号「道哲《どうてつ》」を名乗っている（史料6―①「里見義通宛 道哲書状写」(8)）。

敵城近辺の田井《たい》・横山《よこやま》・小沢《おざわ》要害・根小屋《ねごや》以下をすべて落とし、蕨《わらび》に帰陣したとのこと、世間の聞こえ（外聞）を耳にしました。めでたく格別なことであります。そこで、今度は関宿へ向かって軍事行動をなされたい。さらに奔走・尽力なされれば、いよいよもって戦功このうえないことでしょう。そのため東悦《とうえつ》を遣わします。恐々謹言

これによれば、道哲＝義明は、里見義通の軍勢が高基派の千葉勝胤の娘婿である武田宗信《むねのぶ》の上総長南・小田喜両城（千葉県長南町・大多喜町）の近辺へ押し寄せ、両城を結ぶ通路沿いの「田井」（夷隅郡大多喜町下大多喜字台〈堀之内〉／下大多喜堀之内城跡）、「横山」（同町横山／横山城跡）、「小沢要害」（長南町小沢／御所前砦跡）、「根小屋」（同町下小野田／根古屋城跡）以下を悉く打ち破り、義明方の前線拠点「蕨」（和良比堀込《わらびほつごめ》城／四街道市）に至ったことを賞讃するとともに、さらに義通に簗田氏の関宿城を攻撃するように命じ、そのため義通のもとへ使者として「東悦」を派遣する旨を伝えている。義明

上：生実城跡遠望　手前は生実池　下：生実神社脇に広がる土塁と大空堀　千葉市中央区

は、小弓城への移座をはかると同時に、高基に真里谷武田氏の拠点・椎津城を攻撃されたことに対して、その反撃として古河城を支える簗田氏の関宿城攻めを画策したのである。

今日、小弓城（生実城）跡は、千葉市南部の生実《おゆみ》地区に二カ所が伝えられている。このうち義明が御所とした城は、現千葉市中央区生実町（旧千葉郡北生実村）字本城《ほんじょう》・宮脇《みやわき》の台地上に占地した城で、一帯にはネコヤ・番《ばん》後《ご》・番後台・木戸下・的場《まとば》・出戸《でど》（虎口《こぐち》／大手口）・町並《まちなみ》・妙見下・橋戸などの字地名が残る。また、城下南西には、江戸湾渡海の湊・浜野郷（浜野村）および如意山本行寺《ほんぎょうじ》（千葉市中央区浜野町）へ続く道がのびている。この城跡台上には十五世紀の集落遺構群が確認されており、さらに同城の築城時期も十五世紀後半といわれ、その後も戦国末期にかけて機能したとみられる。

一方、同城跡の南東八〇〇メートル余のところの南生実町字古城《こじょう》は、その遺構が天文期以降、永

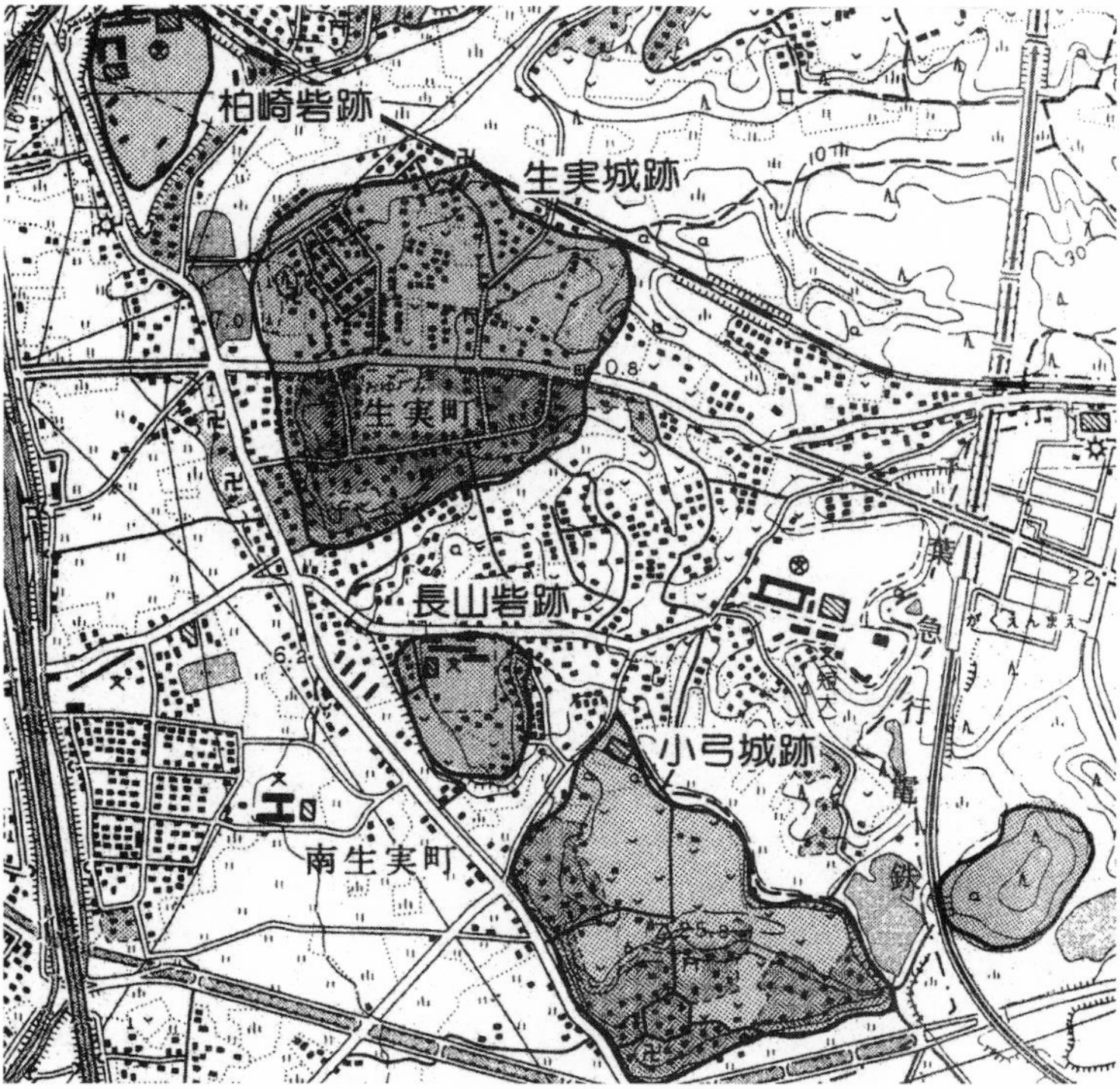

小弓城跡と生実城跡の位置図　『千葉県の歴史』「資料編中世１考古資料」より転載

左：小弓城跡の土塁　右：小弓城跡の堀底道　千葉市中央区

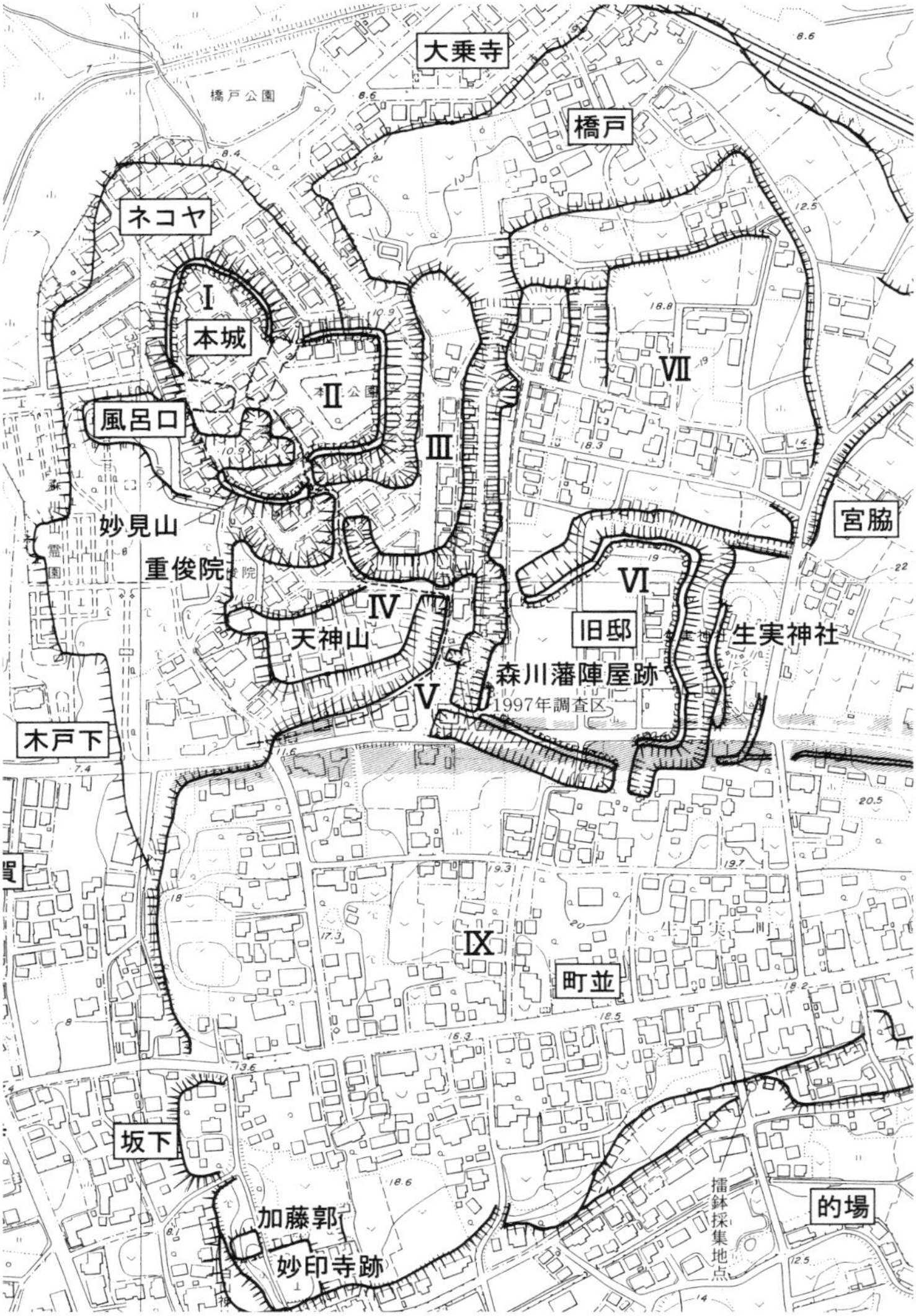

生実城跡概念図　遺構としては、生実神社脇に残る大空堀と土塁がわかりやすい　画像提供：千葉市立郷土博物館

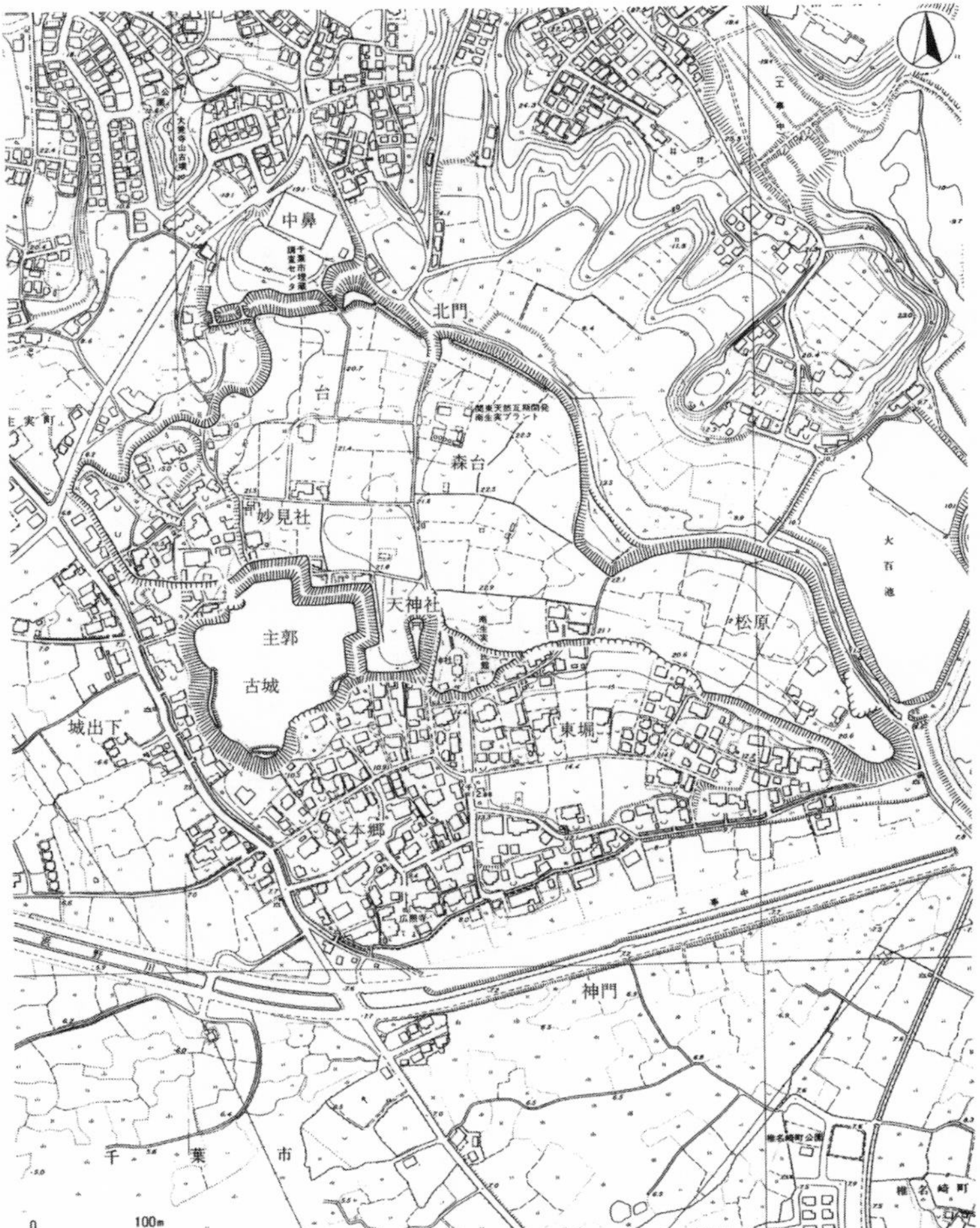

小弓城跡概念図　『千葉県所在中近世城館跡詳細分布調査報告書Ⅰ―旧下総国地域』より転載

禄~天正期のものと推定されており、天文七年（一五三八）十月に義明が滅亡して小弓城（北生実）が焼失した後、原胤隆《たねたか》（天文五年没）およびその子孫次郎基胤《もとたね》（天文四年没）の跡を受け継いだ弟の原式部大夫胤清《たねきよ》が、この南生実の城を構築して入城し、その後焼失した北生実の城を復興したと考えられる。したがって、のちの原胤貞《たねさだ》（胤清の子）時代の小弓城は、谷津で画されてはいるが南北両城、並びにその間の長山砦を一体化した宿を含む南北一六〇〇メートル余の大規模な総構《そうがま》えの城郭として機能したのではあるまいか。

義明の小弓入城の時期については、『本土寺過去帳《ほんどじかこちょう》』（下廿八日）の古河・小弓両軍の戦闘を伝える記事中に「小弓者共」がみえるのが、永正十八年（大永元年／一五二一）八月であること、また『小弓御所様御討死軍物語』（天文七年十月二十五日奥書）によれば、義明が滅亡した天文七年（一五三八）十月に原胤清が小弓城を回復し、「ほどをへて十七年」が経っていることなどから、それは里見義通が「田井・横山・小沢要害・根小屋以下」を攻撃した直後の永正十七年六月以降、翌十八年（大永元年）八月までの間に小弓城移座が行なわれたことになろう。

以後、義明は「爰《ここ》に居住、是ヲ生実ノ御所ト称ス」（号生実御所）といい、これによって「小弓御所様」「小弓上様」などと呼ばれた。(9)

二、小弓公方・古河公方両派と諸将の形勢

小弓方勢力の分布

小弓公方足利義明の成立後、これを支えた勢力基盤は、武蔵の扇谷上杉朝興《ともおき》およびこれと結ぶ上総の真里谷武田式部大夫信清（入道恕鑑）・同三河守信保、安房の里見義通・義豊《よしとよ》をはじめとして、上総土気《とけ》城（千葉市緑区）の酒井左衛門佐定治《さえもんのすけさだはる》、下総臼井城（千葉県佐倉市）の臼井景胤《かげたね》、西下総高《たか》田《だ》・松ケ崎《まつがざき》・根戸《ねど》城（同柏市／同我孫子市）の匝瑳《そうさ》氏、同戸張《とばり》城（柏市）の戸張氏、常陸小田城（茨城県つくば市）の小田政治、同下妻《しもつま》城（同下妻市）の多賀谷家植《たがやいえたね》、同行方郡麻生《なめかたぐんあそう》（同行方市）の麻生淡路守らであった。このほか義明の直臣団として、奉行人筆頭の逸見山城入道祥仙以下、常陸鹿島氏・武蔵小府（菖蒲）佐々木氏・佐野《さの》氏・町野《まちの》氏・堀江《ほりえ》氏などが知られる。また、上総二宮庄真名城（三上城）の三上佐々木氏も、転じて義明に属したという。さらに、常陸南部から小弓へ馳せ参じた義明の弟足利基頼とその家臣や、足利氏が上総国守護であった鎌倉時代以来、同国内の足利氏御料所の経営に携わってきた同氏根本被官の村上・皆吉・椎津二階堂・大坪・高滝・多賀の諸氏がいた。

『快元僧都記』は、義明の勢力伸張の情況を、「義明様小弓城ニ御移リ、房州里見・常陸鹿嶋・武州ノ小府ノ佐々木以下、悉奉随之、御家風掩東国、近年小弓上様ト奉称、云々」（義明様は小弓城に移ら

れ、安房里見・常陸鹿嶋・武蔵の小府の佐々木など、皆が義明様に従い、ご家風（家の威勢）は東国に広まり、近年小弓上様と称し奉られている）と記している。また、『相州兵乱記』[10]は、次のように書いている（史料6—②）。

義明は小弓城に移られた。これにより小弓御所と申すとかいうことだ。その後、原二郎の家臣・高城越前守父子を討ち取り、高城下野守を追い落として、残るところの上総・下総の武士もすべて義明に従属し、ついに原二郎をも討ち取った。近国の武士たちが我も我もと群れ来て義明に付き従った。義明は血気盛んなので味方が多いことに驕《おご》って、やがては関東八ヶ国を平定して古河公方足利高基を追い落として、鎌倉に御所を建て関東の公方になろうと思い企んでいたけれども、すでに行動・態度に表れていて、その意志をほのめかしていたので、付き従っている血気盛んな若者たちも、みな義明の野望を当然のことだと奨励した。

下総国印旛沼南岸の鹿島川流域に広がる臼井庄を地盤とした臼井氏は、長く千葉氏に属してきたが、永正十四年（一五一七）に家督を継いだ景胤《かげたね》（俊胤《としたね》の子）の代になると、千葉氏からの自立傾向が強まり、小弓御所成立に伴い、必然的に古河方の千葉氏に対抗して、小弓の義明を支持することになった。足利高基は、年未詳十一月二十七日付で本佐倉城主千葉勝胤へ宛て、次のごとく書状を出している（史料6—③）[11]。

思いがけない子細のため、帰座したが、千葉昌胤《まさたね》や海上《うなかみ》・原、そのほかの者らが供奉いたしたこと、誠に感じ入り悦ばしいことです。臼井の不忠は前代未聞のことです。これについて子細を指図いたしたが、この旨を知っておいてください。謹言

高基は、帰座の際の千葉昌胤並びに海上氏・原氏らの供奉を賞讃するとともに、臼井氏の不忠＝離反を咎め、これを「臼井不忠先代未聞候」と非難したのである。

また、西下総の戸張氏・匝瑳氏は、康正二年（一四五六）正月の下総市河合戦で上杉方の千葉自《これ》胤《たね》・実胤《さねたね》（のち武蔵千葉氏）に属して戦ったが、それ以降、扇谷上杉氏に従って活動してきたため、この小弓・古河の抗争では扇谷上杉朝興・朝定《ともさだ》と結ぶ小弓公方足利義明に与《くみ》した。しかし、その後、大永四年（一五二四）に北条氏綱が江戸城を攻略すると、扇谷上杉氏に従ってきた武蔵千葉氏および下総高田城の匝瑳氏は、北条氏の支配下に置かれ、同氏に帰属することになる。さらに、戸張氏も大永五年以降、勢力を後退し、天文七年（一五三八）十月に義明が国府台《こうのだい》合戦（松戸《まつど》台《だい》・相模台の戦い）で滅亡すると、戸張城を追われて、のち元亀・天正期には簗田氏に属して下河辺庄吉川《よしかわ》郷（埼玉県吉川市）で活動するに至る[12]。

義明の弟足利基頼は、初め父政氏に従い、次いで長兄高基に与して、永正末頃には常陸国内にあって独自に活動していた。しかし、兄義明が下総小弓城に御所を構えると、これに呼応し、常陸から家臣を引き連れて小弓へ馳せ参じたのである。常陸に関係する基頼発給文書を表4に掲げた。

表4の①は、足利基頼が常陸国真壁《まかべ》城（茨城県桜川市）の真壁右衛門《うえもんのすけ》佐（宗幹《むねもと》）に対して発給した

文書である。大永三年（一五二三）閏三月、古河方の江戸崎《えどさき》城（同稲敷市）主・土岐原《ときはら》源次郎治頼《はるより》が、屋代《やしろ》氏の居城・東条庄屋代城（同龍ヶ崎市八代町）を攻め落として引き退くところ、小弓方の小田政治および合力の麻生淡路守の軍勢が馳せ来て、一戦となったことを報じたものである。この戦いは小弓義明・基頼派の小田氏が敗北し、古河公方高基派の土岐原治頼の軍が勝利したとみられる。小田氏は初め高基に属していたが、土岐原氏との抗争のなかで高基と結ぶ土岐原氏に対抗し義明に結び付いたのであった。また、真壁右衛門佐も、年頭の祝儀に高基へ太刀を進上するなど古河方として活動していたが、小弓公方足利義明の成立に伴い基頼とともに小弓方へ転じたのである。[14]

次に、②文書の行方《なめかた》土佐守（秀幹《ひでもと》か）は常陸国行方郡（茨城県行方市）の領主、③の烟田平三《かまたへいぞう》は同鹿島郡徳宿郷烟田（烟田城／同鉾田市）の領主であろう。

また④は、足利基頼が真壁氏に対し、七月二日に長岡氏の居城「竹原《たけはら》要害」（同小美玉市）を攻略して古河方の「長岡父子」を討ち取ったことを賞讃したもの。⑤文書は、小田政治の軍勢が「其口」へ攻め寄せて、「家人等励戦功敵討捕候由」の知らせが府中（府内／同石岡市）の常陸大掾《だいじょう》方へもたらされたことを報じ、基頼はこれに満足した旨を感受するとともに、真壁氏に玉造《たまつくり》（行方市）へ陣を進めるように命じ、また、小田軍が「今日当城」へ攻め寄せるはずなので、後詰と

No	年月日	文書題名
①	大永3年閏3月9日	真壁定幹宛足利基頼書状
②	（年未詳）5月23日	行方土佐守宛足利基頼書状
③	（年未詳）7月3日	烟田平三宛空然安堵状
④	（年未詳）7月3日	真壁右衛門佐宛足利基頼書状
⑤	7月29日	真壁右衛門佐宛足利基頼書状

表4　足利基頼発給文書一覧（史料7）

して多賀谷氏・水谷《みずのや》氏の援軍が必要であることを伝えている。

常陸にあった基頼が、両兄高基・義明の対立・抗争において、如何なる理由で下総の義明のもとへ馳せ参じたのか明確ではないが、以後、小弓御所の権力構築に尽力し、義明と命運を共にする途を選んだのであった。

古河公方足利高基の勢力圏

一方、高基を支持した房総の諸氏は、下総国本佐倉城（千葉県印旛郡酒々井町）の千葉勝胤・昌胤父子を中心として、両総国境近辺に下総岩富城（弥富城／同佐倉市）の原氏一族や、義明に小弓城を奪われて上総小西《こにし》城（同大網白里市）に入ったと推定される原胤隆の長子・孫次郎基胤《もとたね》およびその弟胤清《たねきよ》、上総東金《とうがね》城（同東金市）の酒井備中守隆敏《たかとし》、同長南城（同長生郡長南町）に千葉勝胤の娘婿である武田宗信らがおり、これら古河方の諸城が義明の小弓城および小弓方の臼井城・和良比《わらび》堀込《ほつごめ》城（千葉県四街道市）などに対峙したのである。

原胤隆の長子基胤は、古河公方足利高基の諱《いみな》一字を拝領して片名《かたな》（偏名／偏諱《へんき》）としたと推定される。年未詳夷則《いそく》（七月）十二日付で、高基が原宮内太輔《くないたゆう》入道（胤隆）へ宛てた書状（写）には、「今度長子孫次郎立進□□〈乗馬〉至于中途令参上候之条、忠信之至、感思召候、因而爰元御様躰、定朝可致対話候間、不迫被仰出候」（このたび長男の孫次郎が軍勢を進めて、途中で参上したことは忠信の至りで、嬉しく思います。したがってこちらの様子については必ず朝胤と話すつもりですので、お言い付けなさる必要はありません）とみえる。(15)

このほか、下総結城城（茨城県結城市）に結城六郎（のちの小山高朝）、西下総の小金城（前期小金城／千葉県松戸市）には高城下野守（胤忠《たねただ》）がおり、また常陸川・小貝川沿岸には北相馬《きたそうま》郡の守谷《もりや》城・筒戸《つつど》城（茨城県守谷市／同つくばみらい市）および中相馬の布施《ふせ》城（千葉県柏市）に相馬氏一族、布佐《ふさ》・布川《ふかわ》両城（同我孫子市／茨城県北相馬郡利根町）に豊島《としま》氏、さらに中相馬の柴崎《しばさき》城・中峠《なかびょう》城（我孫子市）には古河公方家臣の河村《かわむら》氏などがいた。(16)

結城六郎は、のち天文初頃に小山政長《まさなが》の嫡子・小四郎を退けて、小山氏の当主となっている。酒井氏は、上総土気城の酒井左衛門佐定治が義明に応じたのに対して、東金城の酒井備中守隆敏は古河の高基に属したのである。また、高城下野守は永正十四年（一五一七）十月十五日に小弓城が陥落した時に、同城を逐電して西下総の高城氏一族のもとへ走り、翌月の閏十月十七日には早くも小金の南、馬橋《まばし》（松戸市）において真里谷方の軍勢との戦闘があったようで、高城家臣畔蒜右京亮・戸部三郎左衛門らが討ち死にしている。次いで、同十六年（一五一九）二月十日、下総八幡《やわた》庄栗原郷（千葉県船橋市）の合戦では原氏家臣とみられる石井彦右衛門・山田五郎次郎らが討ち死にしている。(17) そして、永正末頃までには、高城下野守胤忠は小金城に在城して一族・家臣を統率し、当地域における最有力の古河方勢力となっていた。

常陸国内の古河方には、既述のごとく、永正十六年（一五一九）に上総椎津城攻撃に参加した行方郡羽生舟津の羽生上総介や土浦城の菅谷摂津守、あるいは江戸崎城の土岐原源次郎治頼、行方郡芹沢《せりざわ》（行方市）の芹沢平二郎（秀幹《ひでもと》）らがいた。さらに、鹿島郡の鹿島氏は、大永四年（一五二四）に鹿島城（茨城県鹿嶋市）の惣領鹿島義幹《よしもと》が家臣に背かれ、これに介入した府中の大掾忠幹《ただもと》および水戸の江戸但馬守通泰《みちやす》らに同城を攻められて敗北し、このあと忠幹の弟・次郎通幹《みちもと》が、かわって鹿島惣領家を継いだ。通幹は、江戸通泰や一族の鹿島又四郎・行方兵庫大夫らとともに古河公方高基に属したのである。(18)

上：鹿島城跡の空堀　下：鹿島氏一族の墓所　共に茨城県鹿嶋市

古河公方の領国ともいうべき支配領域は、高基の古河城並びに簗田氏の関宿城を中心に、太日川・常陸川（現江戸川・利根川）や菅生沼《すごう》・水海沼《みずみ》・手賀沼《てが》などの河川・湖沼群に囲まれた下総北西部の下河辺庄・猿島郡《さしま》（上幸嶋・下幸嶋）から相馬郡（北相馬・中相馬・南相馬）にかけてである。この地域に

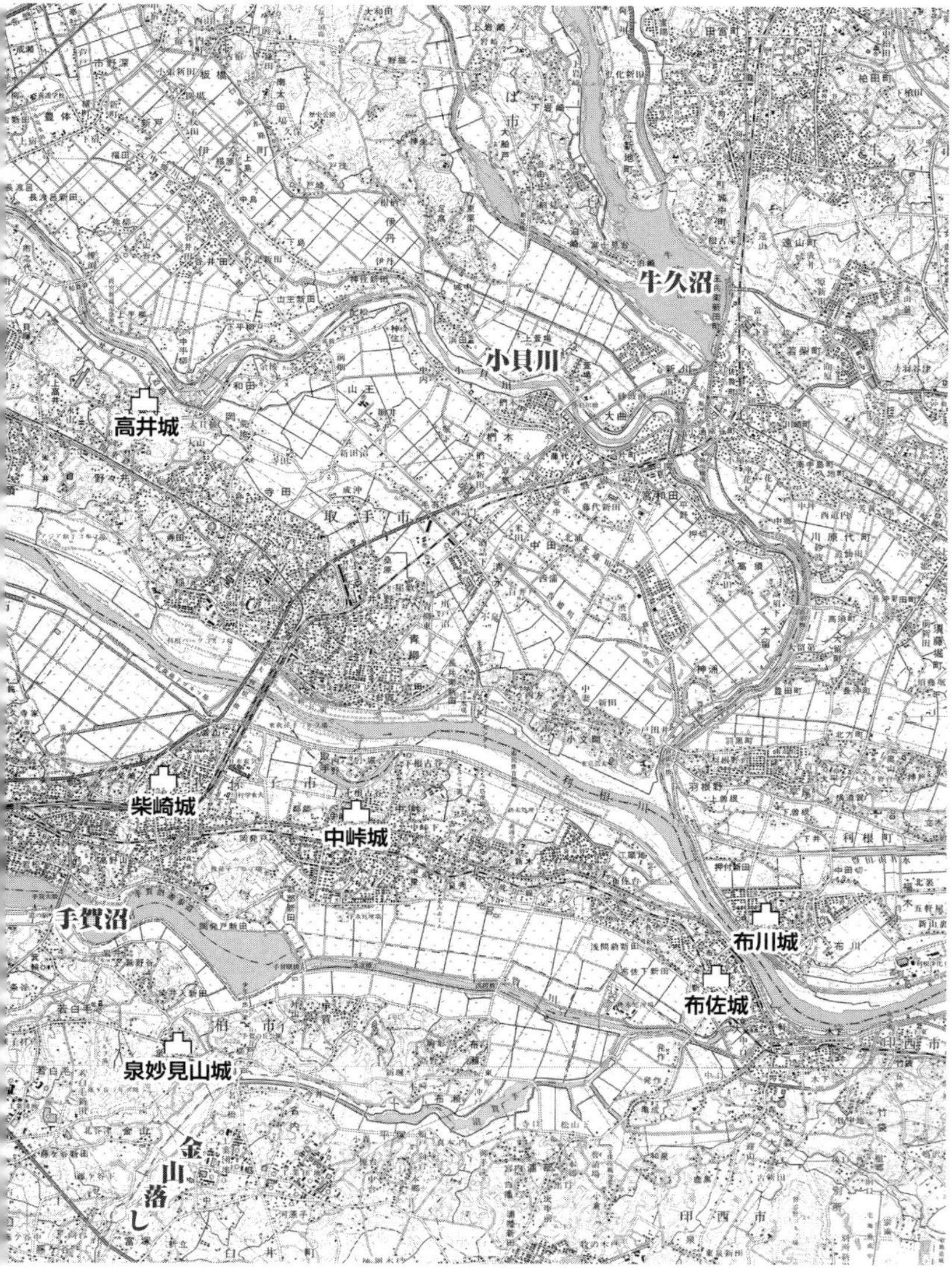
牛久沼
小貝川
高井城
柴崎城
中峠城
手賀沼
布川城
布佐城
泉妙見山城
金山落し

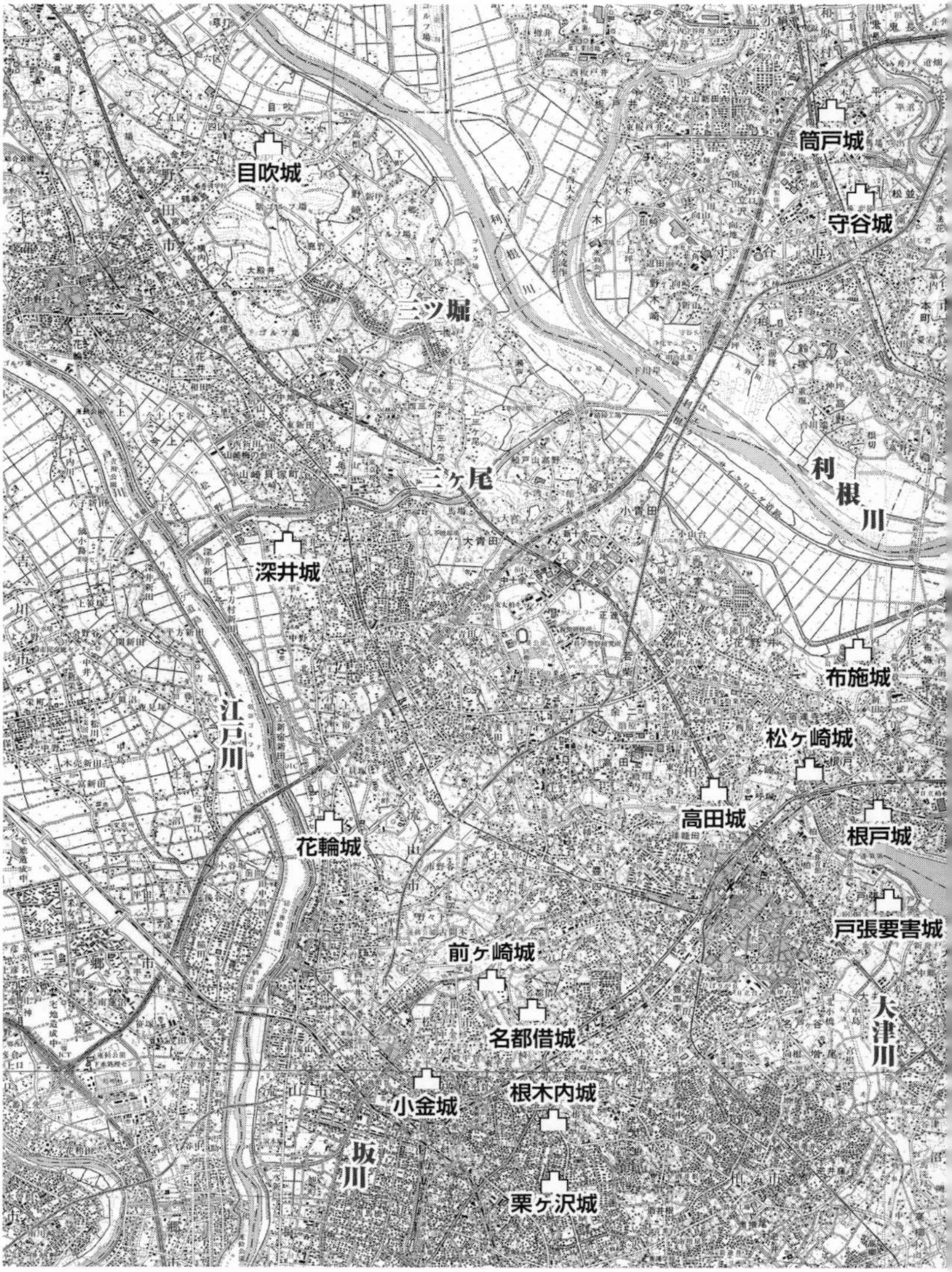

下総北西部の諸城分布　原図：国土地理院五万分一地形図［野田・龍ヶ崎・佐倉・東京東北部］

は多くの公方家御料所《ごりょうしょ》（直轄領）が点在しており、それらの所領を知行し、経営する古河公方家臣らが城々に拠っていた。後年の天正二年（一五七四）、古河公方足利義氏《よしうじ》の時代の史料ではあるが、「古河公方家御料所書立案」（芳春院周興《ほうしゅんいんしゅうこう》・昌寿《しょうじゅ》連署書出写）には、古河公方家の御料所ならびに知行人が多数列記されている。これによって、遡って高基時代における古河公方支配領域のおおよそが推察できる。(19)

義明の参陣要請に揺れる諸将たち

小弓御所の成立によって、房総の諸氏は古河公方足利高基に属するか、それとも小弓城に君臨する義明に従うか、その帰属をめぐって去就に揺れ動いた。すなわち、下総臼井城の臼井氏が古河方の千葉氏から離反して義明に応じたような動きは、他の諸氏にも起こり得ることであった。足利義明および弟基頼は、本佐倉城の千葉勝胤・昌胤父子、上総椎崎城《しいざき》（千葉県山武市）の椎崎勝清《かつきよ》（千葉勝胤の二男）、あるいは千葉氏家臣の原基胤・胤清兄弟、上総武射郡大台城《むさぐんおおだい》（同山武郡芝山町）の井田《いだ》美濃守（氏胤《うじたね》とも）・同刑部太輔《ぎょうぶのたゆう》らに小弓方への参陣を促すため、三通の書状を出している（史料8―①・②・③）。(20)

8―①の文書は、足利基頼が千葉勝胤の家臣で上総武射郡大台城主の井田美濃守に対して、兄義明の小弓城への「御動座」に際し、勝胤に参陣を促すように意見を加えることを求めた書状である。井田美濃守は、千葉勝胤の嫡子昌胤の元服儀式で屋形様（勝胤）の警固御供として活動しており、近臣の一人であったことが推察される。[21] 基頼は井田氏から勝胤へ小弓方に参じるよう意見の具申を依頼したのである。

また8—②文書では、義明が上総椎崎城主・椎崎五郎勝清（千葉勝胤二男）の同心《どうしん》（寄子《よりこ》）井田刑部太輔に対して、「原孫二郎〈基胤〉不可顕不忠由」であったが、味方につくように求めて「数ケ度以誓詞申上候」ところ、去る二十二日の夜に、これに応じる様子がみえたとして、この上は井田氏も椎崎氏と相談して速やかに味方に属するように迫っている。こうした義明・基頼からの参陣要請に、千葉氏をはじめ井田・椎崎・原氏らは、結局は義明の誘いに応ぜず、古河公方への忠信を貫いたのであった。

8—③文書は足利晴氏《はるうじ》（高基の子）の上意に応じて、井田氏が古河方の「昌胤〈千葉〉所へ出頭」したことを「神妙之至候」としてこれを賞し、更なる忠信を求めたものである。

病気につき、親切に手紙を送ってくれてありがとうございます。十日前くらいから病気になっていましたが、いろいろ療養して、体調はよくなってきているので、安心してください。一、その国の様子、詳細に書状で伝えるので、承知しておくように。一、小弓（足利義明）に対して、いろいろその聞こえ（外聞・無力にするようにおしはかられること。一、里見義豊・武田信清の家中のこと、耳に入ること）はありますが、どのようにしても早々に出陣すること。一、諸家いずれも忠義を尽くしています。宇都宮氏のことは、名代（忠綱《ただつな》）が若輩なので、しっかりと間違いがないように使節を遣わしたところ、芳賀興綱《はがおきつな》をはじめとしていずれもこの旨を了解し、これを受け入れたのは、とても喜ばしいことです。一、北条氏綱は忠信の意志を持っているのでしょうか。酒井備中守もこのことを申してきました。正しい道理はどうでしょうか。それからまた奔走の状況により判断します。近日何度も申し上げているとおり、これに従って挨拶をさせます。一、遠山直景《とおやまなおかげ》は、起請文を破って裏切るようなことはしない、と言ってきました。一、臼井のこと、申すほどの趣（内容・おもしろみ）がありましょうか。露命《ろめい》（はかない命）を長らえたいのは、あの人の滅亡を見たいからです。一、何よりその国のものたち、千葉勝胤・昌胤父子をはじめとして、皆忠信を尽くすとのことを申してきました。これは肝要このうえないことです。一、その国で、義明を赦免するとの話がめぐりまわっていること、酒井備中守の書状で申してきましたが、驚いております。どうしてそのようなことをするでしょうか。たとえそれが道理であったとしても、その地域の内の忠信の者どもへ知らせない事があってよいであろうか。貴方においては、誰がどのように言い習わしても、安心していてください。

一、陣所の火事、非常に残念に思います。一、きっと聞こえ（うわさ・評判）があることですが、小田政治・土岐原治頼が合戦となり、小田方が敗れ、信太をはじめとして一族親類が残らず討ち死にしました。とくに、多賀谷家中では、多賀谷淡路守・広瀬・青木・石鳥・そのほか大勢討ち死にし、仕方のないことです。小田のこと、小弓と仲良くしていたところ、このようになってしまった。去年以来、天道《てんどう》は明白で、とても大慶に思います。一、武蔵国蕨城（埼玉県蕨市）について、北条氏綱が去る二十日夜、門橋を乗っ取って焼き落とし、破却しました。氏綱は江戸城に帰りました。このときは朝興も氏綱も、どう思っていても義明のためには立てませんでした。その後どうなったのか知りたいものです。原基胤にもこの手紙を見せたいものです。早々に病気本復したので自筆しました。気づかいなく、いろいろ書きました。他の人には見せないでください。かしく

右の8—④の文書は、不例（病気）であった足利高基が、「色々療養故、則得減気候」として、古河方の上総長南城主・長南武田三河守へ書状を送り、房州（里見氏）並びに真里谷洞《うつろ》（真里谷氏一族一門・家中）、宇都宮氏・北条氏綱・東金酒井備中守（隆敏）・臼井氏など、古河・小弓両派の諸氏に関しての動静を知らせるとともに、千葉介（勝胤・昌胤）が「無二忠信之由」であること、さらに常陸の小田政治と土岐原治頼の一戦について、小弓方の小田氏・多賀谷氏らが敗れ、多数が討ち死にしたこと、大永四年（一五二四）三月二十日夜に、北条氏綱が扇谷上杉朝興方の武蔵国蕨城を攻略して、江戸城へ帰陣したこと、などを報じている。[22]

三、下総・武蔵両国での攻防戦

小弓軍の名都借城奪取

古河公方足利高基と小弓公方足利義明の抗争は、下総国北西端の古河城に対して、同国南端の小弓城という対抗の構図であり、したがって両派の直接的な衝突・戦闘は、その中間地帯の古利根川・太日川水系および手賀沼・印旛沼に囲まれた西下総の諸城間で展開された。小弓軍の矛先《ほこさき》は高基の古河城ならびにこれを支える簗田氏の関宿城に向けられていたので、古河方の高城氏一族がその進撃を阻止するため西下総の諸城に拠って立ち塞《ふさ》がり、応戦したのである。

なお、戦国時代、現在の江戸川流路はまだ開削《かいさく》されていなかったので、西下総の諸城間を結ぶ河川水路も、そのことを念頭において検証しなければならない。近世以前の古い時代の河川流路が描かれたとみられる『下総之国図』（近世初期〈元和初頃〉成立か／船橋市西図書館所蔵／一九八センチメートル×九八センチメートル・肉筆）によると、古利根川の下流は「市川」（太日川／現江戸川下流）と「中川」（葛西川）に分かれており、また松戸付近で市川に合流する小河川が描かれている。この小河川は分流して現流山市域の加村・三輪野山・切谷（桐谷）をぬけ、簗比地《つきひじ》（埼玉県北葛飾郡松伏町）付近まで遡って書き込まれており、後年の江戸川および庄内古川はこの小河川二筋を拡張・開削して、いくたびか

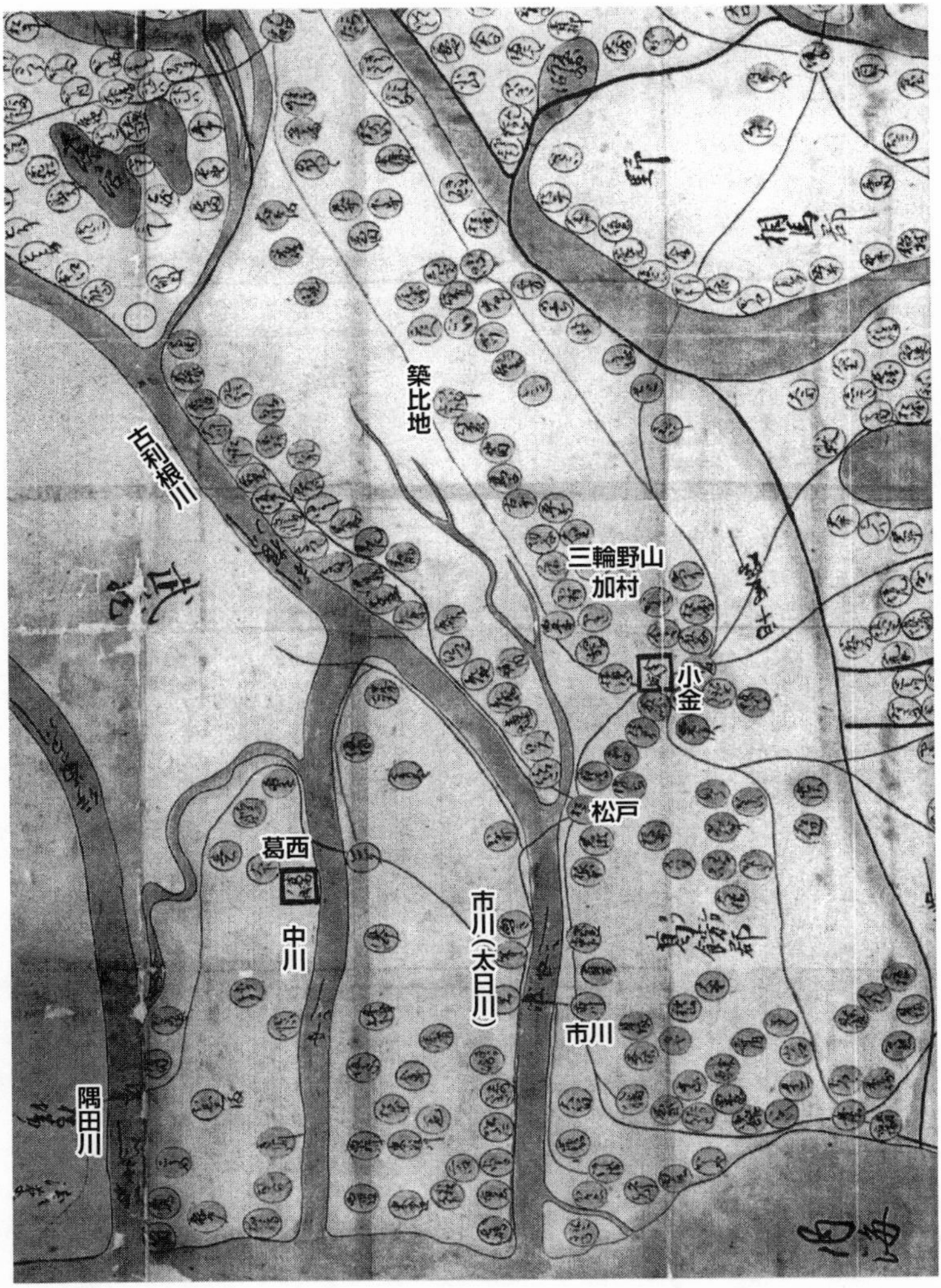

「下総之国図」（部分、一部加筆）　近世以前の古い時代に描かれた西下総の旧河川流路
船橋市西図書館蔵

の流路変遷を経て成立したとみられる。[23]

しかしながら、それ以前の戦国時代においても、西下総の台地と谷津・低地帯の地形から判断して、当地域の小金城・名都借《なづかり》城・前ケ崎城・深井《ふかい》城などの城下近辺に、古利根水系につながる河川水路が及んでいたことが推定される。

これに対して、小弓軍の西下総方面への兵站線《へいたんせん》は、船橋・市川を経て国府台城から攻め上る江戸湾・太日川沿岸ルートと、印旛沼畔の臼井庄から南相馬郡内へ至る内陸ルートの二方面があったと考えられる。後者については、まず小弓北方の和良比堀込城（千葉県四街道市）から鹿島川を下って印旛沼南岸の臼井氏の居城・臼井城（同佐倉市）を経て、印西の神崎川を西へ遡って同氏勢力下の小野田《おのだ》城（同船橋市）へ進み、さらに金山落《おとし》・手賀沼沿岸の泉妙見山《いずみみょうけんやま》城（柏市）、手賀沼へ流入する大津川下流域の戸張城（同市）、同じく手賀沼の西側、大堀川流域の匝瑳氏の高田・松ケ崎・根戸城（同市／千葉県我孫子市）へと連係していたと推定される。

最前線では、戸張城の西方、高田城の南西方向に、古河方の名都借城が対峙しており、同城には千葉氏家臣の高知尾（高千代）氏・飯野氏らが拠っていたとみられ、その背後には前ケ崎谷津《やつ》・富士（藤）川谷津を挟んで高城氏の小金城（前期小金城）があった。[24] そのため、小弓軍の主力である里見義通の軍勢と小金高城氏の戦いは、必然的に両陣営の中間にあった名都借城をめぐり、攻防戦を繰り広げることになったのである。

名都借城は、北側に坂川の八木谷津、西に前ケ崎谷津に挟まれた標高二〇メートル前後の舌状台地上にあり、その城域の台地は流山市名都借字城山・大井戸根を中心に、東西約一五〇～一八〇メートル、南北約二二〇～二四〇メートルの規模で、北部城下には河川交通の船着場があったと推察される。

永正十八年（一五二一）三月、里見義通の軍勢は西下総小金へ進攻してこの名都借城を攻め、同城を支える高城氏の軍勢と戦闘を交え、同月二十七日に高城家臣の畔蒜彦五郎・田嶋図書助《ずしょのすけ》・鈴木太郎右衛門、そのほか多数を討ち取っている。(25)義通は、この勝利によって名都借城を奪取したと推定され、以後、同城は関宿・古河攻めの足場として小弓方の前線拠点となった。次いで、同年六月二十一日、里見軍は名都借城の南方、高城氏の持城《もちじろ》である根木内《ねぎうち》城（千葉県松戸市）へ押し寄せて、同城西側の谷津を隔てて向かい合う支城の行《ぎょう》人台《にんだい》城（同）を攻撃し、同城に在番していた高城氏家臣の鈴木帯刀《たてわき》・同民部《みんぶの》

上：名都借城跡の遠望　撮影：平成元年頃　下：名都借城跡の土塁　千葉県流山市

少輔《しょう》兄弟を討ち取ったという。[26]

『千葉系図』[27]には、信憑性に問題がないわけではないが、勝胤注記に「大永元年〈永正十八年〉辛《かのと》巳《み》七月廿八日、里見房州ヨリ切テ出、上総ヲ打通リ、下総へ責入ラントス、勝胤公、不取敢《とりあえず》出陣シテ、一戦ニ及所ニ、里見房州へ引返ス」とみえ、この頃、里見義通の下総進攻があったことを伝えている。

西下総の戦いと房総水軍の武蔵進出

さらに、『本土寺過去帳』によれば、大永元年（一五二一）八月二十八日、西下総古利根川下流の太日川（市川／現江戸川）沿いの小金から市河にかけて、小弓・古河両軍による追撃戦が展開され、古河方の原氏家臣市東《しとう》氏・小西高橋《こにしたかはし》氏、布佐の豊島氏、葛西（大石《おおいし》氏か）、並びに小弓方の臼井氏をはじめ「小弓者共」ら、双方に多数の討ち死に者を出したとある。

大永年間（一五二一～八）には、このほか上総小西城（千葉県大網白里市）や東下総千田庄東方《ひがしかた》（同香取郡多古町）、あるいは西下総深井城（同流山市）などで合戦があった。三月十六日（年未詳）の「東方合戦」では、弥富（岩富）原氏の「円生位・小次郎」「瑞応位」両人ほか多数が討ち死にしたといい、また小弓軍は再三にわたって原氏の小西城を攻撃したようで、八月十六日の小西城下の山口郷（同東金市）の戦いでは、小西原氏の家臣「山口小四郎」が討ち死にしている。同じく年未詳の十月二十七日には、原家中の「小西多賀」「小西高梨」「小西刑部太郎」「小西三郎六郎」の諸氏が討ち死にした。次いで、西下総深井城の戦い（年月未詳十一日・十二日）では、深井城主と推定される「高城民《みん》部少輔《ぶのしょう》」以下、同若衆の「石井彌七郎」および「同家風五十余人」、同じく高城家臣の「庄田藤次郎」（我孫子周辺の土豪か）などが討ち死にしている。(28) 深井の地は、関宿簗田氏の支配領域と境目を接する高城氏支配地の最北西端に位置する城であり、小弓軍の関宿方面侵入を阻止するうえで、まさに最後の防禦線ともいうべき要衝として、軍事的に重要な役割を担っていたのである。

一方、武蔵国では、大永四年（一五二四）正月十日、扇谷上杉朝興は北条氏綱の武蔵進攻に対抗するため、長く対立してきた関東管領山内上杉憲房《のりふさ》との和睦を成立させた。しかし、氏綱の動きは早く、同十三日には朝興の家臣で江戸城将の太田資高《すけたか》の内応《ないおう》を得て、高縄原《たかなわはら》（東京都港区）で朝興軍を敗り、江戸城を攻略し、さらに翌二月二日には太田資頼《すけより》の内応により岩付城（さいたま市岩槻区）を陥れ、三月二十日に蕨城、四月に入って武蔵入間郡の毛呂《もろ》城（埼玉県毛呂山町）・石戸《いしと》城（同北本市）などを攻落した。氏綱の攻撃によって、扇谷上杉朝興は河越城（同川越市）へ退き、このあと反撃に出ていったんは岩付城を奪還するが、翌大永五年（一五二五）二月六日、再び氏綱に攻められて岩付城を奪い取られている。

この北条氏綱の江戸城・岩付城攻略に伴って、これまで扇谷上杉氏に属してきた武蔵千葉氏および西下総高田城の匝瑳氏らは、北条氏の支配下に組み入れられ、これに服属した。こうした事態に、朝興・憲房は氏綱包囲網を形成するため、小弓公方足利義明を推戴する上総の真里谷武田入道恕鑑《じょかん》（信清）

に対して、氏綱との断交を要請した。同年二月二十六日付で寿星庵《じゅせいあん》恕鑑が越後守護代の長尾信濃守為《ため》景《かげ》へ宛てた書状には、次のごとくみえる（史料9）(29)。

はじめてお手紙を差し上げます。そもそもお父上様（能景《よしかげ》）の代には、亡き父（武田信嗣）が折々お付き合いしていましたが、近年は関東で戦乱があり、とくに上総ではたびたび合戦になり、手紙のやりとりを絶っていましたが、けっして疎略に扱っていたわけではありません。したがって、北条氏綱ととりわけ申し合わせをしてきましたところ、両家（山内・扇谷両上杉氏）より何度か（手切れの）ご意見があったので、氏綱を捨てることを内々に承諾しました。両家を疎かにすることはありません。行く末の進退、真っ先に預かり御助言がありましたら本望です。遠国であるといっても、疎略には思っていません。ことごと重ねてお願い申し上げます。

右によれば、先代の長尾能景の時代には、「亡父〈武田信嗣〉節々申承候キ」といい、交流があったとのことだが、近年は「関東鉾楯、就中当国〈上総〉及度々怱劇」のため、音信が途絶えてしまったのであり、「努々非疎義候」と弁明し、そのうえで恕鑑は、これまで北条新九郎（氏綱）と申し合わせをしてきたところ、両上杉氏から数度にわたり氏綱との手切れの要請があったので、この意見を受け入れて「氏綱則相捨候」と断交したことを伝えている。この恕鑑の所為《しょい》によって、義明はもとより安房の里見義豊（義通の子）も扇谷上杉氏に呼応した。義豊は、大永四、五年（一五二四～五）頃に父義通から家督を譲られて安房稲村《いなむら》城（千葉県館山市）の城主となり、また隠居した義通は同国白浜《しらはま》城（同南房総市）へ移って、同七年（一五二七）に没したとみられる。

大永六年（一五二六）五月下旬、扇谷上杉朝興は武蔵蕨城を奪還するため、義明と連携して真里谷武田氏および里見義豊の房総水軍を動員した。五月二十六日、真里谷武田氏の水軍が江戸城下の南品川へ渡海して攻め、宿並の鳳凰山《ほうおうさん》妙国寺《みょうこくじ》（東京都品川区南品川）へ禁制《きんぜい》を出しており（史料10—①）、さらに武田氏の水軍は、隅田川を遡って同氏（信嗣の父清嗣《きよつぐ》）が復興した金龍山浅草寺《せんそうじ》（同台東区）に近いところの石浜《いしはま》・橋場《はしば》（同）へ進攻し、橋場の総泉寺《そうせんじ》（昭和三年に板橋区小豆沢《あづさわ》へ移転）に対して禁制を下している（史料10—②）。また、里見義豊の命を受けた正木大膳亮《だいぜんのすけ》（通綱《みちつな》）の水軍も、南品川へ攻め寄せ、義豊の「依仰」（仰せに依り）として妙国寺へ禁制を発給している（史料10—③）[30]。

蕨城の水堀跡　埼玉県蕨市

武蔵の蕨城は、石浜・橋場から隅田川を遡った板橋の北域にあり、したがって真里谷武田氏・正木氏の水軍が当地へ進出した目的が、江戸城と蕨城を結ぶ水上交通を遮断することにあったことが推察される。扇谷上杉軍の蕨城奪回の戦いは、五月下旬に始まり、六月七日に北条氏綱の家風多数が討ち死にして落城したという[31]。

同年八月二十八日、武州からの書状を受け取った安房稲村城の里

岡本城跡遠望　戦国北条氏に対する里見水軍の重要拠点として機能していた　千葉県南房総市

見義豊は、扇谷上杉氏と連携して相模へ攻め渡るため、白浜城の父義通や叔父実堯《さねたか》に相計るとともに、家臣の中里中務少輔《なかつかさのしょう》に命じて、安房岡本《おかもと》城下の湊に軍船を集結させた（史料10―④）[32]。

凶徒が立ち退いたとのこと、御切紙《きりがみ》をただいま未《ひつじ》の刻《こく》（午後二時頃）に読みました。めでたく思います。また、武蔵から書状が送られてきました。白浜（里見義通）にも申し上げました。よって先ごろ、岡本に舟を集結させるようにと白浜から命じられました。そこで、里見実堯と話し合って、こちらへ舟を動かすようにし、順風を待って、一両日中の実行を申し付けるので、早々このことを承知するように。恐々謹言。

同十一月、扇谷上杉朝興の軍勢が相模玉縄《たまなわ》城（神奈川県鎌倉市）まで進撃して、鎌倉へ迫ると、里見義豊・実堯はこれに呼応するように兵船数百艘を催して渡海し、鎌倉へ押し寄せた。在家《ざいけ》へ乱入し、また寺社へ押し入って「神宝ヲウハヒ（奪）取、仏閣ヲ破リ、鶴岡ノ宝蔵ヲモ破却ス」といい、この知らせを受けた北条氏綱は、直ちに兵を率いて応戦のため鎌倉へ馳せ向かい、鎌倉を四方から囲んで攻め、将兵多数を討ち取り、里見軍を撃退したという。敗れた里見勢は早々に船に取り乗り、本国へ引き退いたと伝える[33]。

鮎川氏の名都借城攻め

西下総において名都借城が陥落して以降、同城を前線拠点とした小弓方の関宿方面への攻勢が強まり、これを危惧した古河公方足利高基および簗田高助は、名都借城の奪還を企図し、簗田家臣の鮎川《あゆかわ》氏に命じて同城を攻めさせた。攻撃は大永七年（一五二七）十月下旬頃に行なわれたと推定され、高基は同年十一月三日および一年半後の享禄二年（一五二九）三月二十日に、この名都借の戦いで疵《きず》を被りながらも戦功をあげた鮎川美濃守・同豊後守に対して感状（戦功を賞賛する文書）を与えている（史料11―①・②）[34]。

鮎川氏の地盤は、常陸川水系と古利根・渡良瀬川水系の接合地帯の湖沼群に囲まれた下総国猿島郡周辺にあり、そのため同氏は水運に深く関与し、戦時には兵船を仕立てて出撃するなど水上軍事に長けた氏族であった。この名都借城攻撃も、古利根・太日川水系の河川水路を利用して船をもって同城下へ攻め寄せたものと考えられる。

後年の永禄～天正期には、関宿城の簗田晴助《はるすけ》（高助の子）並びにその子持助に属した鮎川図書助・同豊後守が、兵船をもって各地へ出撃し、戦功をあげている。永禄五年（一五六二）正月、鮎川図書助は常陸川沿岸の下総目吹《めぶき》城（千葉県野田市）を攻落し、同月十三日付で簗田晴助から「今度目吹之城攻落、抽粉骨走廻候之条、誠以感悦候」（今回、目吹の城を攻め落とし、一生懸命奔走したこと、とても嬉しく思います。）と戦功を賞されて感状を授かり、次いで永禄十一年（一五六八）八月には、敵の兵船が「塚崎之郷」（茨城県猿島郡境町）へ攻め寄せてきたので、図書助が「城内」（関宿城か）より船で出撃し、「懸合」の船軍を行ない、敵を「合討」（二人以上で敵一人を討つこと）致したとして、同月二十八日付で簗田持助《もちすけ》から感状を与えられている。また、鮎川豊後守（享禄二年の豊後守の子）は、永禄八年（一五六五）三月九日に武蔵岩付口（さいたま市岩槻区）から攻めてきた敵に対して、古利根・太日川水系の中小河川流域の「親井」（千葉県野田市親野井・埼玉県春日部市西親野井）と「富江」（千葉県吉川市）の間で、これを討ち取り、四月十五日付で簗田持助からその戦功を賞され、父と同じく「豊後守」の名国司を下されている。さらに、天正五年（一五七七）三月二十四日、豊後守は水海《みずみ》沼へ通じる釈迦《しゃか》沼並びに長井戸沼沿岸の「久能之郷」（茨城県古河市）の領地について、利根・渡良瀬川水系の水運拠点・八甫《はっぽう》（埼玉県久喜市）と同様に不入地とすることを簗田持助から認められている。(35)

以上のように、鮎川氏一族は当地域の水運拠点を押さえるなど河川交通に深く関わっていたことがうかがわれ、また簗田氏の命を受けて水軍を編成し、河川水路を辿って各地へ出陣したのである。

この鮎川氏の攻撃によって、名都借城が陥落したかは明確でないが、少なくも天文七年（一五三八）に小弓公方足利義明が滅亡して以降は、同城が高城氏の属城となったことは間違いない。永禄前期頃、高城胤辰《たねとき》が同城域内の南端に氏寺として長福山広寿寺《こうじゅじ》（初め臨済禅宗で鎌倉円覚寺黄梅院《おうばいいん》の末寺／のち曹洞宗）を開基したと伝えられるので、戦国盛期には名都借城は高城氏の支配下に置かれていたのである。

小弓・古河の抗争が、主に古利根・太日川（現江戸川下流）水系の小金・名都借・馬橋・深井などの地で激戦を繰り広げた理由は、当地域が古河・関宿と武蔵・相模方面とを結ぶ水運の要衝として機能していたからに他ならない。すなわち、古河城・関宿城や小弓城・椎津城に対する両派の攻防は、これらの城に通じる河川・海上交通の支配をめぐる戦いでもあったのである。

高城氏の小金城（千葉県松戸市）の城下には、湊津・市場（横須賀・大谷口・根郷屋）が形成され、また城南東の小金西ノ村谷津の谷頭台上付近には、すでに「金宿《こがね》」（後の小金宿の前身）が成立し、南には萬満寺《まんまんじ》門前・馬橋の賑わいがあった。『本土寺過去帳』（上二日・五日・七日・中十九日・廿日・下廿六日・廿八日・廿九日）によれば、「金下宿」「金本宿」「金宿・カチ《鍛冶》」「番匠《ばんしょう》・木工助《もくのすけ》、金ニテ」「マハシ《馬橋》コンカキ《紺掻》」「馬橋番匠・二郎右衛門」「マハシ《馬橋》ノ正阿・番匠」「大谷口市女母《いちめ》」などの記事がみられ、金宿や馬橋には鍛冶・番匠・紺掻《こんかき》（紺屋）といった職人らが活動し、また大谷口には市場において物を商う市女（女商人）がいたことがわかる。さらに、同過去帳には、「瑞建位、同〈永正〉十二乙亥《きのとい》七月、金ニテ、山本五郎太郎、古河ノ人也」（中十八日）、「蓮瑚位、九月ムツラ《六浦》ノ人也、西《にし》〈小金西ノ村〉、新井殿父」（下廿四日）、「渡辺、金ニテ被誅、六月、号妙渡、武州品河人也」（下廿九日）などの記事もあり、当地で没したこれら山本・新井・渡辺氏は、武蔵の六浦（横浜市金沢区）・品川や古河の商人とみられ、河川・海上交通によって来往し、商活動を行なっていたことがうかがわれる。

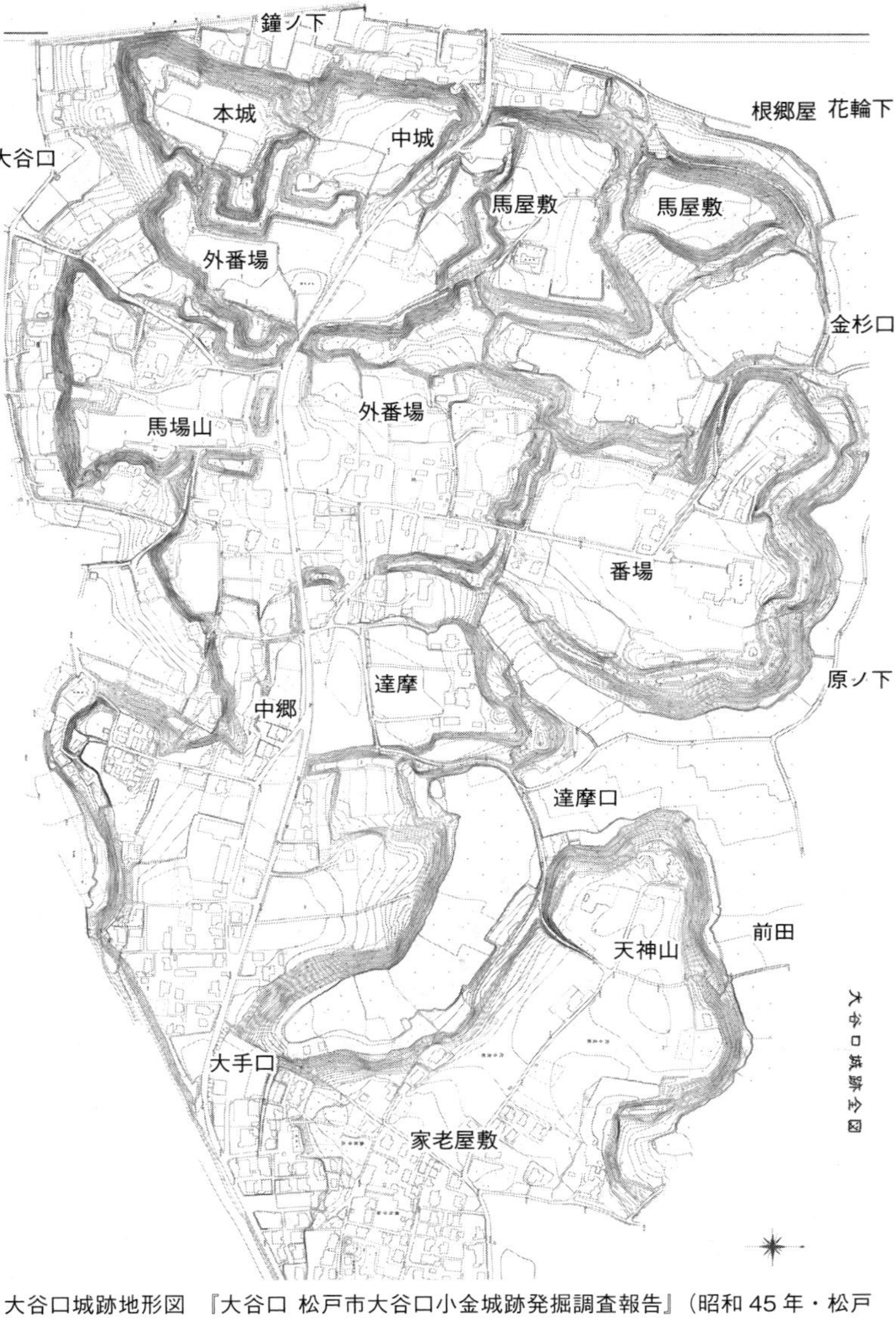

大谷口城跡地形図　『大谷口 松戸市大谷口小金城跡発掘調査報告』（昭和45年・松戸市教育委員会）より一部を修正の上、転載

小弓公方足利義明が武蔵の扇谷上杉氏との連携を強化して関宿・古河を制圧するためには、小弓城から印旛沼南岸の臼井庄を経て印西・南相馬方面への進出経路の確保をはかり、これと相俟《ま》って武蔵石浜・浅草方面から古利根川水系を経て太日川流域の松戸・馬橋・小金付近に至る河川水路や、太日川から江戸湾へ出て武蔵六浦・船橋浦・小弓城下（浜野・曽我野）へ通じる海上交通を押さえることが不可欠であった。西下総の小金・名都借付近の地は、まさに江戸湾・古利根・太日川水系と南相馬の手賀沼畔からの経路とが、連結する軍事・経済上の要衝に位置付けられたのであり、それゆえ当地域への小弓軍の攻勢が続き、これに対して古河方の高城氏が小金城・根木内城などを拠点に、関宿・古河防衛のため最前線で抗戦したのであった。

【註】

（1）『鑁阿寺文書』／千葉県の歴史資料編中世4
（2）千葉県の歴史資料編中世4『倉持文書』足利氏所領奉行人交名写／同中世3『飯香岡八幡宮文書』／『飯香岡八幡宮由緒本記』『市原市史・中巻』『千葉県所在中近世城館跡詳細分布調査報告書Ⅱ』
（3）『戦国房総人名辞典』長南・真里谷両武田氏系図
（4）千葉県史料香取文書『旧大禰宜家文書』海夫注文・常陸国／『萓谷伝記』『里見九代記』『里見代々記』『小田原衆所領役帳』
（5）『本土寺過去帳』
（6）戦国遺文古河公方編・古河市史資料中世編『小山文書』『書上古文書〈七〉』『喜連川家文書案〈三〉』『石

塚文書』『常総文書〈一〉』

(7)『鶴岡神主家伝文書』

(8)戦国遺文古河公方編『喜連川家文書案三』

(9)『小弓御所様御討死軍物語』『喜連川判鑑』『快元僧都記』

(10)一名関東兵乱記／巻二・小弓御所発向之事

(11)千葉県の歴史資料編中世4・戦国遺文古河公方編『渡辺忠胤氏所蔵文書』

(12)『小田原衆所領役帳』『本土寺過去帳』／千葉県の歴史資料編中世4・我孫子市史資料古代中世篇・古河市史資料中世編『戸張文書』『武州文書』／拙著『東葛の中世城郭』参照

(13)戦国遺文古河公方編『お茶の水図書館所蔵真壁文書』『芹沢文書』『烟田文書』

(14)『喜連川家文書案三』『お茶の水図書館所蔵真壁文書』等

(15)戦国遺文古河公方編『喜連川家文書案三』／千葉県の歴史資料編中世4『喜連川文書』

(16)戦国遺文古河公方編『小山文書』『常総文書』／千葉県の歴史資料編中世4『芹沢文書』／『本土寺過去帳』『相馬文書所収相馬之系図』

(17)『本土寺過去帳』

(18)戦国遺文古河公方編『書上古文書七』『常総文書一』『小山文書』『芹沢文書』『臼田文書』等／『鹿島治乱記』

(19)千葉県の歴史資料編中世4『喜連川文書』／戦国遺文古河公方編『国会本喜連川文書』／古河市史資料中世編『喜連川家料所記』／拙著『常総内海の中世』参照

(20)戦国遺文古河公方編『楓軒文書纂五所収井田文書』／千葉県史料中世篇諸家文書『神保文書』

(21)国立公文書館所蔵本『千学集抜粋』

(22) 戦国遺文古河公方編『東京大学史料編纂所所蔵幸田成友氏旧蔵文書』／千葉県の歴史資料編中世４『東京大学史料編纂所所蔵文書』
(23)『幸手市史』通史編Ⅰ
(24)『本土寺過去帳』『千学集抜粋』／『香取大禰宜家文書』香取社造営料足内納帳写
(25)『本土寺過去帳』
(26) 同／『成田参詣記』
(27) 続群書類従所収
(28)『本土寺過去帳』
(29)『上杉家文書』
(30)『妙国寺文書』『総泉寺文書』
(31)『本土寺過去帳』
(32) 千葉県の歴史資料編中世３『上野家文書』
(33)『鎌倉九代後記』『北条記〈小田原記〉』『相州兵乱記〈関東兵乱記〉』
(34) 千葉県の歴史資料編中世４『下総崎房秋葉孫兵衛模写文書集所収鮎川文書』／戦国遺文古河公方編『都立中央図書館所蔵下総崎房秋葉孫兵衛旧蔵文書』
(35)『下総崎房秋葉孫兵衛模写文書集所収鮎川文書』

第三章　里見氏、真里谷武田氏の内紛と義明

一、里見氏一族内の跡目争い――天文の内訌

里見実堯・正木大膳大夫が誅殺される

天文二年（一五三三）七月二十七日、安房稲村城主・里見義豊は、上総金谷《かなや》城（千葉県富津市）の叔父里見左衛門大夫入道（実堯）および老臣正木大膳大夫（通綱）を稲村城へ召喚《しょうかん》し、両人を誅殺した。天文の里見氏内訌の勃発である。この謀殺事件は、北条氏に接近する叔父実堯と正木氏に対して、小弓公方足利義明・扇谷上杉朝興を支持する里見義豊が、家督を簒奪《さんだつ》されるのを恐れ、また北条氏の安房進出抑止のためにも、両人を除くべく機先を制して実行された粛清であったと考えられる(1)。

上総金谷城に残っていた実堯の子義堯《よしたか》は、父実堯誅殺の知らせを受けると、危難を避けて金谷北方の要害性が高い同国百首《ひゃくしゅ》城（千葉県富津市）へ移って立て籠もり、直ちに相模小田原城の北条氏綱のもとへ使者を遣わして支援を要請した。また同時に、稲村城で討たれた正木大膳大夫通綱の遺子時《とき》

茂《しげ》・時忠《ときただ》らと連携をはかった。一方、義豊は、八月初旬にすかさず実堯および正木氏の地盤であった内安房の北郡佐久間郷（千葉県安房郡鋸南町）方面へ侵攻して、吉浜村の「妙本寺要害《みょうほんじ》」を占領し、同月五日付で妙本寺へ「右、当寺濫妨狼籍〈藉〉等停止之、於違犯輩者、可処罪科者也」（読み下し・右、当寺濫妨狼藉等停止す、違犯の輩に於いては、罪科に処すべくものなり）（現代訳・右、妙本寺で乱暴狼藉など禁止する。もし違犯する者がいたら、刑罰を科するつもりである）との禁制を出している。(2)

妙本寺　現在も境内は要害の雰囲気を色濃く残している　千葉県鋸南町

妙本寺要害については、天文十四年（一五四五）妙本寺日我《にちが》述記の『申状見聞私』（富士宗学要集第四巻）のなかに、次のように記されている（史料12）。

永正十一年、安房の戦国大名・里見義通を大将、弟の実堯を次将とした軍勢が、六月九日に北郡に討ち入り、妙本寺を陣所にした。日要《にちよう》は病気のため、九月に下沢に移り、十一月十六日に七十九歳で没した。翌年三月から、妙本寺を要害として取り、実堯が眼代《がんだい》となった。

これによれば、永正十一年（一五一四）六月九日に、里見義通を大将、弟実堯を次将として、安房北郡へ打ち入り、妙本寺を陣所となしたとある。同寺住持日要は病気ゆえに、同九月に上総国志駒谷《しこま》の「下沢」（末寺妙勝寺《みょうしょうじ》〈現廃寺〉／富津市）へ遷り、同十一月十六日に七十九歳で入寂した。次の年、永正十二年（一五一五）三月に、実堯は妙本寺を陣所から「要害」（城砦）に取り立て、これより眼代（守護代か）として当地支配にあたっていたことがわかる。また、大永三年（一五二三）三月二十五日付の妙本寺日継置文《おきぶみ》には、「右、寺家再興之元由者、安・総両国依大乱、思外被成要害、寺坊・山林悉崩、大破及候」とあり、寺家再興の元となった由《よし》（原因・わけ）は、安房・上総両国の大乱によって、妙本寺が思いのほか要害に取り立てられ、そのため寺域内がことごとく破壊されてしまったためであると書き記している。(3)

里見義堯の決起と妙本寺要害の戦い

妙本寺要害を占拠した里見義豊は、西上総百首城に立て籠もった義堯への北条氏の支援を牽制・阻止するため、急ぎ相模三浦へ水軍を派遣した。八月六日、義豊の房州水軍は三浦の津久井《つくい》浜（神奈川県横須賀市）付近に上陸して攻め、同所において北条勢と相対した。『快元僧都記』の天文二年（一五三三）九月条に、「去〈八月〉六日、津久井陣巻数《かんず》進処、翌日敵退散」とみえる。北条氏綱は造営中の鎌倉鶴岡八幡宮へ敵退散の祈禱を命じたとみられ、その巻数が北条方の津久井陣へ届けられると、翌七日に敵は退散したというのである。この義豊軍の来攻という事態を受けて、氏綱は先の大永六年（一五二六）に義豊が鎌倉に乱入したこともあり、これを看過できず、百首城の義堯に味方するため援軍の派遣を決定したと考えられる。

これによって、里見義堯は正木時茂・時忠《ときただ》兄弟らとともに決起し、八月二十一日、北条氏からの援軍・山本《やまもと》氏の水軍と連携して、義豊の拠る妙本寺の城砦を陸海両面より攻めた。この合戦は、妙本寺沖の海上に押し寄せた義堯方の北条水軍に対して、義豊方も浜沿いの海に軍船を浮かべて応戦し、また陸地でも両軍が妙本寺要害の攻防戦を繰り広げたと推定される。[4]

妙本寺要害　妙本寺下の湾に突き出た海城で妙本寺と一体となって機能した城郭である　千葉県鋸南町

史料13―①は、正木時茂が八月の妙本寺合戦で戦死した家臣の上野筑後守の「名代并一跡」を、一族（子息か）の上野弥次郎が継ぐことを認めたものである。上野氏は、貞和《じょうわ》五年（一三四九）の安房国長狭郡大山寺領（鴨川市）内の「上野殿」や、宝徳元年（一四四九）に「安房国朝夷《あさい(ひ)》南郡《なぐん》久保郷〈南房総市〉之内・上野弥太郎跡之事」などの存在がみられ、安房東部に地盤を有した足利氏の一門と推定される。右の上野弥次郎は、筑後守助国《すけくに》（内匠《たくみの》助《すけ》とも）の子貞国《さだくに》（筑前守・民部少輔）のことであろうか。[5]

また史料13―②は、相模東部の三浦郡および武蔵久良岐郡《くらきぐん》を支配した玉縄城主・北条為昌《ためまさ》（氏綱三男）が、八月二十一日の安房妙本寺の合戦で「先懸」を致して高名をたてた山本太郎左衛門尉

(家次《いえつぐ》)へ与えた感状(写)である。家次はのち「信濃守」「信濃入道」を称し、子息の正直《まさなお》(左衛門太郎)・正次《まさつぐ》(新七郎/のち太郎左衛門尉・信濃守)とともに、北条氏の船手大将として水軍拠点の三浦三崎《みさき》・浦賀《うらが》(神奈川県三浦市・横須賀市)に拠って、江戸湾や伊豆方面で活躍した。

義豊はこの妙本寺要害の合戦に敗れ、妹婿の滝田《たきだ》城(千葉県南房総市上滝田)主・一色《いっしき》九郎を頼ったが、九月二十四日には「房州悉没落、瀧田城計相残」(安房の義豊方はみな没落し、滝田城だけが残った)という状況に追い込まれ、同二十六日に房州から脱出し、上総の真里谷武田入道恕鑑のもとへ走った。滝田城も義堯方の手に落ち、「無程《ほどなく》、一色一類被誅了」(ほどなく一色九郎一族は誅せられた)と伝えている。(6) そして、勝利した里見義堯は、北条氏の支援のもと、この十月の頃より房州守護となった。時に二十七歳であったという。(7)

里見義豊の滅亡と小弓公方義明の上総出陣

翌年の天文三年(一五三四)四月初旬、真里谷武田恕鑑の援助を受けた里見義豊は、義堯討伐のため上総を発って安房北郡へ軍勢を進めた。これに対して、北条氏綱は義豊軍が近日中に安房へ入国するという情報を伝え聞くや、ただちに里見義堯を支援するため相模から軍勢を派遣し、また義堯も正木時忠らの軍とともに北郡平久里《へぐり》街道で義豊軍を迎え撃った。合戦は、四月五日に平久里川沿いの犬《いぬ》掛《かけ》・滝田付近で行なわれ、さらに街道筋から府中を経て稲村城にかけて、義堯方が義豊軍を追撃する形で展開されたようで、ついには義豊方はその追撃を逃れて稲村城へ走り入り立て籠もったという。

四月六日、義豊軍は稲村城から打って出て城外で合戦となり、義豊方は敗れ、このとき「於戦場、義豊為始数百人打捕」（戦場で義豊をはじめ数百人が討ち取られた）られたといい、これによって義豊の頸《くび》は小田原へ送られたとある。義豊の敗死について『快元僧都記』（神道大系本）は、「義豊当社（鎌倉鶴岡八幡宮）へ被向馬鼻《ばはなをむけられ》狼藉之事、先条ニ申了《おわんぬ》、併神罰歟《か》、実堯息義堯、為大将」（義豊は鶴岡八幡宮に軍勢を向けて乱妨したのは前述の通りである。神罰であろうか。実堯の子・義堯が大将である）と書いている。

上：犬掛古戦場跡　里見義豊が従兄弟の里見義堯と戦って敗れた（天文の内訌）場所と伝える　下：古戦場の外れにある里見義通・義豊の墓。当時、ここには里見家の菩提寺である大雲院（現在廃寺）が所在していた　千葉県南房総市

小弓公方足利義明を支える真里谷武田氏は、この里見氏の内訌で当然のごとく小弓派の義豊を支援したが、義豊が敗死し、義堯が安房の支配者になると、その影響はすぐに真里谷武田氏内部に及んだ。真里谷武田式部

大夫入道恕鑑（信清）には、嫡子信応《のぶまさ》と妾腹長男の信隆《のぶたか》の二人の子息がおり、恕鑑の後継者は足利義明が支持する信応が有力であったが、里見義堯の勝利によって、信隆方が決起し、対立が起こったのである。義堯が拠っていた金谷城・百首城周辺の上総国天羽《あまは》郡内には、義堯を支持した同郡を地盤とする信隆方の勢力が存在したことも推定される。

この頃、真里谷武田三河守信保《のぶやす》（三河入道／法名源松）が、義明の勘気《かんき》にふれて剃髪したと伝えており、この事態とも関係があろうか。三河守信保は、真里谷城主・武田式部大夫《しきぶのたいふ》信嗣《のぶつぐ》（法名全舜）の実子であったが、その後継者は信保ではなく、理由は定かでないが信嗣の実弟で養子となった信清（恕鑑）が跡を継いでいたのである。そして、今度の恕鑑の後継者問題において、信保は妾腹長男の信隆を支持して、信応を推す義明の勘気をこうむったのかも知れない[8]。

親小弓派であった里見義豊の敗死や真里谷武田氏の分裂は、義明にとって権力基盤の弱体化につながりかねない重大なことであった。そこで義明は、義堯および北条氏綱と結んだ信隆方の蜂起に対して、五月二十日に「上総衆退治」のため、自ら上総へ出陣したのである[9]。また、これより前の五月十日並びに五月十九日、義明は信応に対して、二通の書状を出している（史料14―①・②）[10]。

史料14―①は、義明が信応に対し、上総が本来の意志通りに叶ったならば、一庄を与えることを取り計らう旨を約したものである。また史料14―②は、同じく義明が、恕鑑・信応父子のいずれか一人が、必ず参陣するように命じたものであり、「此口」は大概が味方に参じたので安心であることを伝えている。

二、上総内乱に相模北条氏が介入する

真里谷武田入道恕鑑の死

天文三年（一五三四）六月、上総真里谷城の武田式部大夫入道恕鑑が、病に罹《かか》った。同月十八日、小弓公方足利義明は恕鑑に対して、次のごとく見舞いの書状を送っている（史料15—①）[11]。

真里谷城跡　上総武田氏の居城として名高い　千葉県木更津市

現在、病気にかかっていると聞きました。とても不安で気がかりです。油断なく養生し、早く元通りになればめでたいことです。近日に快方へ向かっている姿・様子を聞きたく、使者を遣わしました。詳細は堀江大蔵丞に言い含めてあります。

義明は、「于今煩〈病気〉之由」の恕鑑に対して、「誠以無御心元候、無油断養生」を致し、早々に平癒して「近日減気様聞召度候」と本復を待ち望んでいることを伝えている。しかし、恕鑑は同年七月一日に没してしまった。享年は定かでない[12]。

恕鑑の死により、真里谷武田氏の家督は嫡子信応が継いだとみら

れるが、この義明の支持する信応に対抗して、三河守入道信保（法名源松）・大学頭信秋《だいがくのかみのぶあき》（心盛斎全《しんせいさいぜん》方《ぼう》）の兄弟が信隆派の実力者になったと推定される。なお、信保は天文十八年（一五四九）二月三日（または十二月三日とも）に没したとあるが、[13]真里谷武田氏の内紛において、信応の後見人としてその存在が認められる大学頭入道全方（信秋）に対して、その兄信保の活動は記録がなく知られていない。

同年十一月二十日、上総真里谷城の信応は、小弓公方足利義明の出陣を得て、信隆方の拠点・椎津城へ押し寄せて敵百余人を討ち取った。『快元僧都記』は、この状況を「天下兵乱如此《かくのごとし》」と記している。そして、このあと敗れた信隆方は、西上総天羽郡内の峯上《みねがみ》・百首両城（千葉県富津市）へ拠点を移したのである。

翌天文四年（一五三五）六月二十日、原氏の家督を継いでいた胤隆《たねたか》の長子基胤《もとたね》（法号桂覚《けいがく》〈継岳〉）が、弥富城（岩富城）の原朗典《ろうてん》および小西原衆の高橋・江口・佐藤氏らとともに、足利義明に奪われた小弓城（生実城）を奪回するため同城を攻め、小弓の東、野田村（千葉市緑区）において討ち死にした。[14]さらに、同年十月八日には、長く義明と対立してきた古河公方足利高基が、五十一歳にて病没し、その子晴氏《はるうじ》が跡を継いだ。晴氏は、童名《わらわな》を「満千代王丸」（亀若丸とも）といい、享禄元年（一五二八）十二月二十七日に元服し、第十二代将軍足利義晴《よしはる》の諱《いみな》一字を拝領して晴氏と名乗ったのである。[15]足利晴氏は、父高基が没した時には二十一、二歳であったと思われるが、父に引き続いて小弓公方足利義明に対抗した。

また、天文五年（一五三六）七月十日（十一日とも）には、原胤隆が下総国北相馬の府河《ふかわ》（茨城県利根町布川）で没した。(16)原氏の家督は、胤隆・基胤父子が相前後して没したため、基胤の弟胤清《たねきよ》（式部大夫／法号超岳《ちょうがく》）が継承している。

真里谷新地・峯上・百首三ケ城の攻防

天文六年（一五三七）四月二十七日、小弓公方足利義明を支援し、長く北条氏綱と戦ってきた扇谷上杉朝興《ともおき》（法名道興《どうこう》）が、武蔵河越城にて病没した。享年五十であった。後継者はその子朝定《ともさだ》で、当時わずか十三歳であった。(17)

この朝興の死は、上総において北条氏と結ぶ真里谷信隆の蜂起を促す誘因となった。同五月十四日、信隆方の真里谷一族が惣領信応を取り除こうとして、信応の真里谷本城・新梨子砦《しんなし》（千葉県木更津市）に近接する「新地」の城（天神台城《てんじんだい》／同市真里谷字天神台）に立て籠もり、上総は「錯乱」状態になったという。新地の城＝天神台城から新梨子砦（真里谷城の出城とみられる）まで東南へわずか二キロ余、真里谷本城まで三キロ余という近さで対峙したのである。

新地城（天神台城）は、小櫃川《おびつがわ》の支流武田川南岸の標高約一一〇メートルの丘陵上に占地し、東側には武田川に合流する泉川が流れ、南麓に宿の集落が広がる。規模は東西約二〇〇メートル、南北約五〇〇メートルの尾根上に、主郭（本丸）を中心に五つの郭（曲輪）で構成されており、その構造は臨時的な築城の様相を残しているといわれる。一方、武田川上流域の真里谷城は、これよりはるかに大規模な城郭であり、真里谷武田氏の本城にふさわしい多郭構造の要害である。

この事態に同十六日、信応を支援する小弓公方足利義明は自ら軍勢を率いて出陣し、信隆方の拠点・西上総湊川中流域の峯上城（上後《うえご》城とも／千葉県富津市）へ攻め寄せた。さらに、同十八日には安房の里見義堯が心替わりして北条氏綱と手切れし、「大弓様御威光」をもって義堯らの「三ケ国之兵」が信隆方の百首城を攻めた。また、この義堯の手切れによって、当時、氏綱が推進していた鎌倉鶴岡八幡宮造営への助勢も断ち切られ、里見氏以下の安房・上総の諸侍は鎌倉へ送るはずであった「峯上・房州丸庄材木共」の搬出を差し止めたのであった。

新地の城に立て籠もった信隆方の勢力は、峯上・百首両城からの援軍が期待できなくなり、そのため真里谷城および新梨子砦からの信応方の攻撃にさらされていたことが推察できる。これに対して、北条氏は劣勢に立たされた信隆方を救援するため、新地・峯上・百首三ケ城へ援軍を送り込んだのである。ところが、このうち北条氏の特殊部隊の金谷斎《きんこくさい》（大藤入道栄永《えいえい》／信基《のぶもと》か）の人衆が立て籠もった真里谷新地城（天神台城）は、状況を打開できず、かえって義明・信応方の軍勢に完全に包囲される羽目となり、窮地に陥ってしまったのである。

義明の御赦免と信隆の敗北

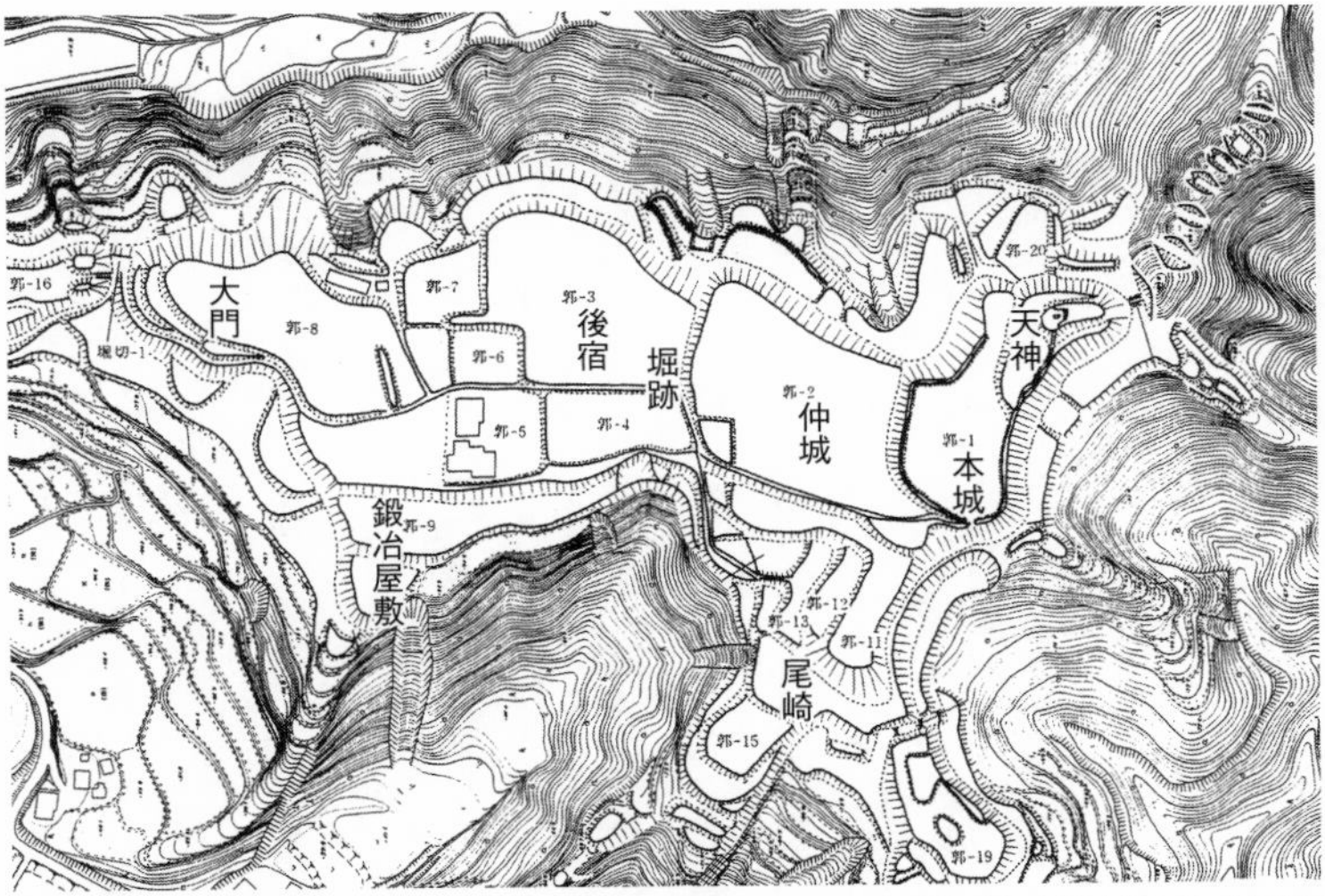

峯上城縄張り図　作図：小高春雄　『房総里見氏の城郭と合戦』（戎光祥出版刊）掲載図に加筆

そこで北条氏綱は、やむなく足利義明との和平をはかることにし、足利氏所縁の鎌倉東慶寺住職滑継尼《いけいに》（義明の妹／松岡殿）および同寺塔頭蔭涼軒《たっちゅういんりょうけん》（要山法関《ようざんほうかん》）を仲介役として、和議交渉が行なわれた。その結果、同二十七日、義明が「上総嶺上、房州百首城兵、新地之者共、御免之由」を仰せ出され、大藤金谷斎人衆をはじめ峯上・百首・新地三ケ城の城兵らの赦免、並びに北条勢の帰国が実現したのである。(18)

また、峯上城については、里見義堯の取成《とりなし》によって信応の後見人・真里谷大学頭入道全方（信秋／心盛斎）と信隆を援護する北条氏綱との間で、氏綱から誓詞血判が出されて決着した。これによって全方の峯上在城を認めたうえで、氏綱に属した当地の領主「正木兵部大輔《ひょうぶのたゆう》」が信隆にかわって峯上・百首両城がある天羽郡を支配することになった。その際に、正木氏家臣の中から氏綱のもとへ五人の「嶺上証人衆」（吉田和泉守・武《たけ》信濃守・郷沢美濃守・飯森三郎左衛門尉・三平主税助）が差し出された。すなわち、氏綱は天羽郡に地盤を有する正木兵部大輔に同郡支配を委《ゆだ》ねて、北条氏に帰属の証として証人衆（人質）を取り、信応方である真里谷全方の峯上在城のままで、両者が天羽郡を管轄することで妥協したのであった。[19]

そして、人質となって相模国内に留め置かれた峯上証人衆の五人に対しては、北条氏が正木兵部大輔へ与えた同国三浦郡内長坂・金田・矢部・佐野村・浦賀・公郷寺方《きみごうてらかた》（神奈川県三浦市・横須賀市）の知行地六九八貫七二七文のうちから、「百拾八貫七百弐拾四文　公郷寺方」の給地が充行われている。[20]

一方、峯上城・百首城を失って敗北を余儀なくされた真里谷八郎太郎信隆は、上総を退去し、六月十一日、「物詣《ものもうで》」のため鎌倉鶴岡八幡宮へ参着して、「刀一数、散〈散銭《さんせん》／賽銭《さいせん》〉二百疋余」を寄進し、翌十二日に江ノ島（神奈川県藤沢市）へ参り、江島神社の神主方へ一宿し、その後、氏綱を頼って武蔵金沢《かねさわ》（横浜市金沢区）に在宿して年月を送ったという。[21]

なお、峯上城に在城した真里谷全方（信秋）は、こののち天文七年（一五三八）の義明滅亡によって惣領信隆が復権した後、同十年（一五四一）に北条氏に峯上城を追われるが、同十二年（一五四三）には笹子《ささご》城（千葉県木更津市）の真里谷三郎信茂《のぶしげ》を擁して反乱を画策し、再び信隆に対抗することになる。[22]

三、義明の「北方御調儀」計画

鶴岡造営材木搬出と義明の萱野在陣

足利義明と北条氏綱の和睦が成立すると、鶴岡八幡宮寺供僧《ぐそう》の相承院快元《そうしょういんかいげん》・浄国院尊雅《じょうこくいんそんが》の両人は、天文六年（一五三七）六月二日付で義明の奉行人・逸見山城入道祥仙へ連署の書状を出し、房総からの材木搬出について義明の力添えを頼んだ。快元・尊雅両人は、鶴岡の御事は「応永以来、御造営無《これ》之故《なきゆえ》、既可有断絶候処」を、不思議の信力をもって、享禄五年（天文元年／一五三二）より氏綱が「種々調法《ちょうほう》」を廻《めぐ》らして造営致し、「上宮廻廊《かいろう》」は昔に恥じずに出来上がったが、すでに近国には良材がないので、海を越えて「房州所々・峯上地」から宝殿・拝殿等の材木を尺杖《しゃくづえ》（一尺基準目盛りの大型の物差）をもって取り置いたところ、両国（安房・上総）の人等が背いて、たとえ神木であっても「当社へ不可進《まいらすべからず》」として、これを送ってくれない。彼の材木が御神殿へ参着すれば、それは「偏可為御興隆、少モ氏綱非自用事者《じようにあらずことは》、無其隠候」と訴えて、上総佐貫《さぬき》浜（千葉県佐貫市場浦／同富津市）にある「大鳥居材木等」の搬出を義明から両国の人等へ命じてくれるように依頼したのである。(23)

この申し入れを受けた逸見山城入道祥仙は、ただちに佐貫浜のある西上総天羽郡を管轄する峯上城の真里谷大学頭入道全方（心盛斎／信秋）へ書状を送り、「鶴岡鳥居木事」「其外材木事」を取り計らうように命じた。また、この頃、「上様〈義明〉萱野御陣ニ参之由」が伝えられている。萱野《かやの》（千葉県木更津市茅野）の地は、真里谷城の西方、武田川と七曲川が合流する地点にあり、南には真里谷氏一族の持城《もちじろ》・久留里《くるり》城（千葉県君津市）があった。

逸見山城入道からの書状を受け取った全方は、六月六日付で、次のごとく返書を出している（史料15―②）[24]。

鶴岡八幡宮の鳥居木のこと、承りました。佐貫市場浦にありますので、よいように取り搬出ください。そのほかの材木については、今度、在陣中の人たちが退散するということを申しているので、材木はどれくらいでもお渡しいたします。また、真里谷信隆の参詣の件、決定しました。久留里の様子はどのように落着したのでしょうか。詳細は切紙で承りたく思います。私も参陣するので陣所を給わりますよう。

右によると、真里谷全方は鶴岡の鳥居木について「佐貫市場浦ニ御座候、可被為取候」と了承し、それ以外の材木についても、「今度御陣中方々引散申〈退散する〉由」を申していることなので、「如何程モ相渡可申候」と請け合っている。また、全方は「久留里之様躰、如何様落着申候哉」と逸見氏に尋ねるとともに、久留里城の北方至近の萱野へ自分も参陣するので、陣所を給うように申し出ている。真里谷武田氏の内紛でなお燻《くすぶ》る久留里城での事態に、義明がこれに対処するため萱野へ出陣し、落着をはかったのであろうか。

里見義堯の参上を要請

同六月六日、義明の近臣（奉行人筆頭）である逸見山城入道祥仙は、「房州部久里《へぐり》〈平久里・平群〉郡」（千葉県南房総市）にいた里見義堯のもとへ、次のごとく書状を出した（史料15—③）[25]。

鶴岡八幡宮の院家《いんげ》（供僧坊）中から申し出がありました。氏綱が社頭を造営しているが、なかでも幣殿《へいでん》・拝殿は、とくに破損していると申しています。その造営に必要な材木は丸庄に取り置いてあります。神慮のことなので、命令してくださいとのこと、伝えてきました。この材木の件が落着すれば、これは八幡の御神慮であり、また社家様（元若宮別当・雪下殿）たる義明様のご奉公によることになります。よってこのこと、私から伝えるようにとの義明様の命令です。また今度の出陣については、どこになるか義明様のお考えによります。真里谷信隆が鎌倉鶴岡に参拝するとのことです。信隆の身を安全に送り届けるようにと、真如寺《しんにょじ》にその役目を申し定めました。北方に出陣する際には、参陣してください。なお、材木は国中に申し付けるのがよいと思います。詳細は重ねて申しますので、省略します。

逸見祥仙は義堯に対して、北条氏綱が推し進める鎌倉鶴岡造営につき、破損した幣殿等の御造営材木を安房国丸庄から取り置くことを命じ、これは「八幡御神慮、亦上様〈義明〉可為御奉公候」といい、義明の上意であることを告げており、「猶材木国中へ被仰付候者、可然奉存候」ともある。さらに、今度の出陣は、何方《いずかた》に定まるか義明の思し召《おぼめ》し（考え・思い・意向）次第であるが、「北方御調儀之時分、可有御参上候」と、来たるべき軍事行動に際して義堯の参上を要請している。また、物詣を致す真里谷八郎太郎信隆の身を、相違なく無事に鎌倉へ送られることが申し定められた旨を伝えている。

義明の北方調儀（北方への軍事行動・攻撃）の矛先《ほこさき》は、逸見氏が「何方モ如思召候」と述べているように、この段階でなお具体的に定まっていなかったとみられるが、ただし関宿・古河方面を意識していたことだけは間違いなかろう。義明の北方への進出が、最終的には簗田高助の関宿城と足利晴氏の古河城に対する攻撃が目途《もくと》にして、狙いは両城の攻略・古河公方打倒にあったことが推察される。それは年未詳であるが、高基・晴氏および上杉憲政《のりまさ》の書状（写）から窺い知ることができる（史料16―①・②・③）[26]。

史料16―①は、今度、関宿へ向けての足利義明軍の攻撃に対して、即刻参陣した小山政長を「誠以忠信之条、感悦候」と賞讃したものであり、また史料16―②は、義明の軍勢が古河城周辺の御膝下を攻撃した際に、公方晴氏が小山高朝の参陣の功をたたえ、以後においても忠信を尽くす旨を高朝が誓詞をもって約したことを賞し、偽りなくこれを相守るように命じたものである。次いで、史料16―③では、関東管領上杉憲政《のりまさ》が上野国緑野郡《みどのぐん》（群馬県藤岡市）の家臣・小林平四郎に対して、南殿義明が関宿へ向けて攻撃を仕掛けてくるとの情報があることを伝え、もしその時には直ちに兵を率いて進発し、参陣するように命じている。

北条氏綱の葛西城攻略と義明の決意

天文六年（一五三七）七月一日、鶴岡八幡宮の使僧・道円《どうえん》が房州里見方へ赴き、造営材木について「御請善悪」を申し上げて、安房からの材木の搬出を求めた。しかし、逸見氏からの義明上意があったにもかかわらず、里見氏はこれを拒否し、「敵地の間、神慮也共、材木不可進之由《まいらすべからず》」を返答したのである。このため鎌倉では、上宮の拝殿・幣殿の下地はことごとく出来上がったものの材木が不足して、御殿の工事が延引となってしまったという。(27)

一方、上総の佐貫市場浦にあった峯上産出の太さ三尋《ひろ》余・長さ十尋という鳥居木は、真里谷全方が承諾したので搬出され、七月十三日に三浦三崎に着き、十五日に小坪浦《こつぼうら》（神奈川県逗子市）、十六日に鎌倉由比浜の鳥居際《ぎわ》へ、数千人の人夫をもって引き上げられたとある。(28)この大木は、峯上で伐採されて、湊川上流から「谷河」の流れに乗せて河口の天神山《てんじんやま》湊（千葉県富津市湊）へ下り、そこから浜伝いに佐貫市場浦へ運ばれたとみられ、鶴岡の供僧快元は「浦々相過、当社へ参事、希代《きだい》之不思議、非人力之由《じんりきにあらず》、諸民批判也」と書いている。(29)

同七月十五日、北条氏綱は扇谷上杉朝定の武蔵河越城を攻略し、朝定を難波田弾正《なんばだだんじょう》憲重《のりしげ》が守る同国松山《まつやま》城（埼玉県東松山市・比企郡吉見町）へ追った。次いで、同二十日、氏綱はその松山城を攻めて「難波田人数卅余人」を討ち取り、あるいは「敵三百余人滅亡」「難波田弾正入道善銀《ぜんぎん》・甥同名隼人佐《はやとのすけ》等、并子息三人打死」させるなど扇谷方に大打撃を与え、町屋近辺を放火して河越城へ凱旋したという。[30]

翌天文七年（一五三八）正月晦日、北条氏綱は相模玉縄城（神奈川県鎌倉市）に着城して、二月一日に鶴岡八幡宮へ参詣し、二日には西下総口へ出陣して扇谷上杉氏の家臣・大石氏が守備する葛西城（東京都葛飾区青戸）を攻略した。さらに、北上して武蔵東部へ進み、太田資正《すけまさ》の岩付城（さいたま市岩槻区）へ押し寄せて、城の「近辺悉放火」して攻め、十四日に帰陣したとある。[31]

こうして氏綱は、扇谷上杉氏の勢力を打ち破って武蔵支配の地歩を固め、同国の過半を手中に収めるところとなった。この下総口・東武蔵の事態に、扇谷上杉氏と長く連携してきた小弓公方足利義明は、同氏の退勢に直面して焦燥し、古河公方足利晴氏に対する北方進出の軍事行動を急ぐ必要に迫られたものと考えられる。

この二月頃には、義明は「一ど《度》かまくら《鎌倉》に御さ《座》をたてられ候て、とうはしう《東八州》をめ《召》しお《置》かれ、日の下《もと》のしやうぐん《将軍》と御かくご《覚悟》さだまる御事なれば」と決意を固めていたといい（『小弓御所様御討死軍物語』）、これには当然北方への軍事行動（古河城攻落・古河公方打倒）の実現が伴わなければならなかったのである。

【註】

(1)『快元僧都記』『延命寺所蔵本里見系図』『正木家譜』
(2)千葉県の歴史資料編中世3『妙本寺文書Ⅰ』
(3)『妙本寺文書Ⅰ』
(4)千葉県の歴史資料編中世3・4『上野家文書』『越前史料所収山本文書』
(5)千葉県の歴史資料編中世3・4『安田家文書』『常陸誌料雑記』／『上埜家系譜』『清和源氏系図』
(6)『快元僧都記』『系図纂要』
(7)妙本寺典籍『源家系図』
(8)千葉県の歴史資料編中世3『上総国古文書〈八劔八幡神社所蔵〉』真里谷妙泉寺文書・真里谷武田氏法名書立写／『上総武田氏系図』真如寺真里谷殿位牌継図・真里谷庁南両武田氏系図
(9)『快元僧都記』
(10)千葉県の歴史資料編中世4・戦国遺文古河公方編『大藤文書』
(11)千葉県の歴史資料編中世4『喜連川文書』／戦国遺文古河公方編『喜連川家文書案三』
(12)『上総国古文書〈八劔八幡神社所蔵〉』真里谷妙泉寺文書・真里谷武田氏法名書立写／『上総武田氏系図』真里谷殿位牌継図
(13)(同右)
(14)『本土寺過去帳』原継図・中廿日
(15)古河市史資料中世編『野田家文書』『上杉家文書』『足利家通系図』／『喜連川判鑑』『鎌倉管領九代記』
(16)『本土寺過去帳』原継図・上十日

(17)『快元僧都記』『上杉系図』
(18)『快元僧都記』／千葉県の歴史資料編中世4・戦国遺文古河公方編・小田原市史史料編中世Ⅱ『東慶寺文書』
(19)千葉県の歴史資料編中世3・4『妙本寺文書』『相州文書』
(20)『小田原衆所領役帳』
(21)『快元僧都記』『小弓御所様御討死軍物語』
(22)『笹子落草子』『中尾落草子』
(23)『快元僧都記所収文書』
(24)『快元僧都記所収文書』
(25)『快元僧都記所収文書』
(26)千葉県の歴史資料編中世4・戦国遺文古河公方編『秋田重季氏所蔵文書』『小山氏文書』／『小林文書』
(27)『快元僧都記』
(28)同
(29)同
(30)『快元僧都記』『北条五代記』『鎌倉九代後記』『鎌倉管領九代記』等
(31)『快元僧都記』

第四章　相模台・松戸台の決戦

一、義明の西下総出張

逸見山城入道祥仙の先鋒軍陣取

天文七年（一五三八）二月、小弓公方足利義明軍の先鋒隊として出陣した義明の奉行人筆頭・逸見山城入道祥仙《しょうせん》の軍勢は、西下総太日川（現江戸川）畔の国《こ》府台《うのだい》城（千葉県市川市国府台字東桜陣・西桜陣）に布陣して、周辺地域の掌握をはかり、また国府台北方の相模台城（同松戸市岩瀬字相模台・塚田・向山）には椎津・村上・堀江・鹿島等の諸氏を配置して、関宿・古河方面への進撃路の確保をはかるとともに、物見備えして、

画面左の江戸川沿いの森が国府台城、画面中央が弘法寺の森。国府台台地の比高が周辺より高いことがわかる　市川市アイリンク展望台より撮影

義明以下の主力軍の到着を待ったという。

『小弓御所様御討死軍物語』（天文七年十月二十五日奥書）には、「ころは天文七ねん《年》つちのへいぬ《戊戌》、春も中ばのをりふし《折節》、志もふさ《下総》の国とかや、こうのだい《国府台》といふところ、もとはうへ《上》杉のかろふ《家老》おほたのだうくわん《太田道灌》さうとうとりたて《相当取り立て》のふるち《古地》也、いま《今》はおゆみ《小弓》の御志よさま《御所様》御とりたて候へて、むさし《武蔵》の国ごうとの志ろ《江戸の城》にさしむかって、御はた《旗》をたて《立》させらる」とあり、春の半ば（二月）頃にはすでに小弓軍の先鋒が国府台城に在陣していたものとみられる。

この義明の軍事行動の矛先は、武蔵の北条氏との対決ではなく、永正末以来長く続いている古河公方（高基・晴氏）との関東足利氏正嫡をめぐる争いに決着をつけるべく起こされたものであり、ここにおいて関宿城・古河城へ向けて本格的な北方進撃が開始されたのである。

同年六月二十八日、逸見祥仙は国府台城の南東至近に位置する真間山弘法寺《ままさんぐほうじ》（市川市真間字本寺際）に対し、義明の「依仰《おおせにより》」として次のごとく寺領安堵の下知状（奉書）を出している（史料17―①）[1]。

下総八幡庄の内、真間弘法寺門前の田畑、以前のように知行の支配を遂行するように、これを安堵します。仰せにより、命令の状を発しました。以上述べた通りです。

この頃、祥仙が国府台城に在城して、八幡庄内の寺社領を安堵するなど周辺地域の安定をはかっていたことが推察される。そして同時に、義明への支援を要請するため、「小弓殿ヨリ関東中へ御教書《みきょうじょ》ヲ被成《なされ》、御加勢ヲ被召《めされ》候」（義明様から関東中に御教書を発行し、加勢を要請している）と伝えている[2]。

小弓様御追討の御内書

こうした事態に、古河公方足利晴氏は義明の軍事行動を抑止するため、北条氏綱に助力を求めた。これを受けた氏綱は、「御所さま〈義明〉へたいし申、くわんたい《緩怠》をかまへず、すど《数度》におよびそうじゃ《奏者》をかへ、さまざま御志やめん《御赦免》のだん《段》申あげ候」と和平交渉を行なったが、義明の方はすでに公方となる覚悟は定まっていたので、これに応じなかった。この決裂によって、足利晴氏はついに「お弓さま〈義明〉を御ついとう《追討》あるべき御ないしょ《内書》」を氏綱へ下したという(3)。

のち天文八年（一五三九）十二月二十八日付で、北条氏綱が鎌倉鶴岡八幡宮「雪下院家中」へ宛てた同宮別当の進退の儀に関する書状に、次のようにみえる（史料17―②）(4)。

当別当のご進退の件について、衆中より貴札《きさつ》が到来した。晴氏様が義明様を退治したといっても、それ以降は詳細を知りません。もっとも来春早々に帰ることは、とても大事なことです。詳細は小別当から聞いてください。

つまり、実際に合戦に及んだのは北条氏綱であったが、あくまでもそれは古河様（足利晴氏）の上意による小弓（義明）御退治であったのである。

そして、晴氏の上意を受けた氏綱は、「日月のびては、かなふべからずとて、えど《江戸》・かはご《河越》へ、れうじろ《両城》へ、やがてひやうろう《兵粮》をこめをき《籠め置き》、ほり《堀》をほり、やぐら《櫓》をあげ、ふしん《普請》してこそ、かまへ《構》けれ」と武蔵方面の備えを固めるとともに、小弓軍の動きをみながら出陣の機会をうかがった。

義明の国府台入城

一方、小弓城にいた足利義明は、古河公方晴氏が北条氏綱へ小弓追討の御内書《ごないしょ》（公的な公方の直状《じきじょう》）を出したことを伝え聞くと、九月末、みずから出馬して、「子息御曹司〈義純《よしずみ》〉・舎弟基頼ヲ大将トシ、里見義弘〈義堯の誤り〉ヲ副将トシ、房州・西総州ノ軍兵ヲ催シ、下総国高野台《国府台》へ出張シ、市川ヲ前ニアテ、陣ス」という。[5] 小弓城を出立した義明が、国府台城に入ったのは十月初旬であったと推定される。また、その軍勢は「両総房士卒具足一千余衆」であったと伝えている。[6]

なお、『北条五代記』（改定史籍集覧）には、「晴氏公、小弓の御所を追討有度《ありたく》よし、氏綱を御頼みによって、氏綱下総へ出馬し、高野台を前にをき陣取《じんどる》、義明公、此《この》よし聞召《きこしめし》進発し、高野台へ取あがり、御はた《旗》を上《あげ》られたり、里見義弘〈義堯の誤り〉ハ安房・上総の国主、義明公と兼て一味、是によて義弘〈義堯の誤り〉安房・上総両国の軍兵を引率し、義明公加勢として、はせくはり《馳せ加》」とあり、北条氏綱の軍勢の方が先に国府台城の向かいに着陣したことを伝えている。

国府台城は、文明十年（一四七八）十二月の下総境根原《さかいねはら》（千葉県柏市酒井根）合戦に際して、扇谷上杉氏の家宰《かさい》・太田道灌《どうかん》が、国府台に「かりの陣城《じんじろ》」（陣城とは山に陣取ることをいう）を構えたのに始まるといい、あるいは翌文明十一年七月に太田資忠《すけただ》（道灌の弟）および武蔵千葉自胤《これたね》の軍勢が、下

国府台城跡概念図　現在は里見公園の内部で大土塁や二重土塁・空堀跡などの遺構を見ることができる。現在、V郭から北側は宅地化が進み、以前にあった城の遺構はほとんど破壊されてしまった　千葉県市川市　作図：千野原靖方

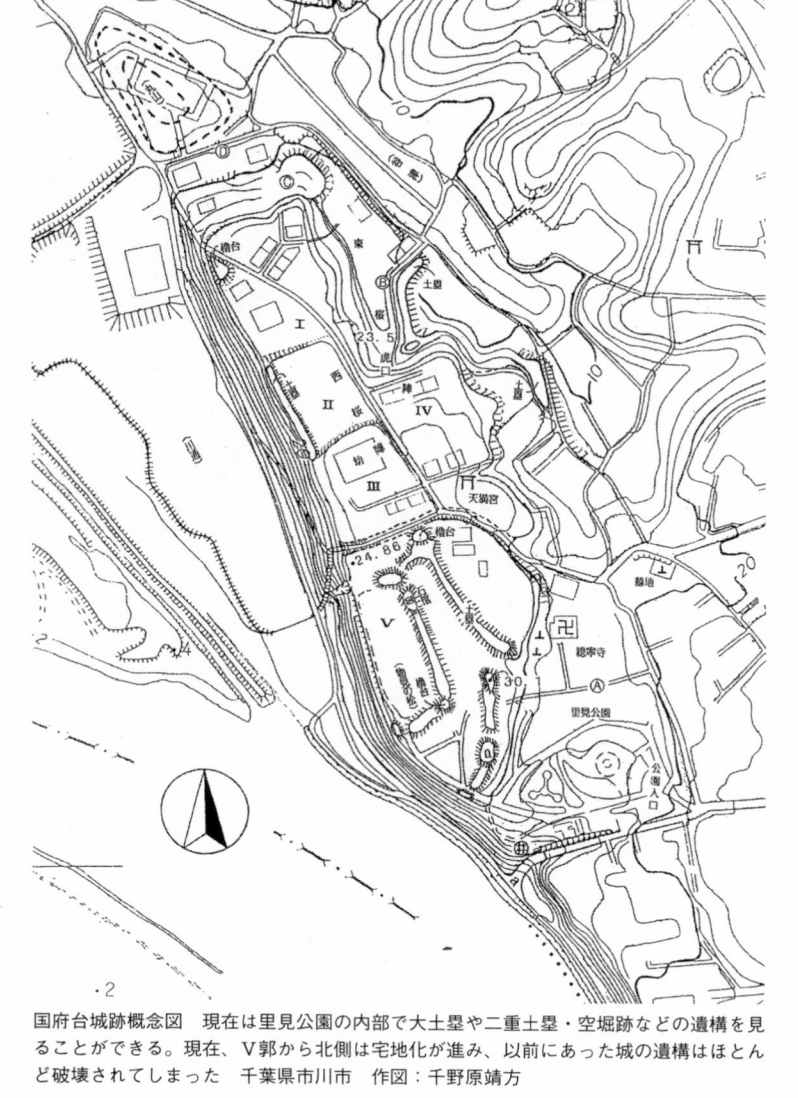

総臼井城（佐倉市）を攻めた時に「鵠台《国府台》に初構城」と伝えており、また「太田道灌、下総国臼井城ヲ攻ム、此時、鵠台ニ始テ城ヲカマヘテ、臼井ノ城ヲ落ス」ともみえる。[7] その後、戦国盛期にかけて、本格的な戦国の城郭として堅固に整備・拡張されていったものと推定される。

上：国府台城の二重土塁と空堀跡　里見公園内で、このほかにもところどころに残る土塁や里見氏の将兵を供養した石碑などが残されている　千葉県市川市　下：第二次国府台合戦の激戦地となった「大坂」。西蓮寺と野菊苑の間の坂道が古戦場と伝えられている　千葉県松戸市

国府台城跡は、江戸川左岸域の北西へ突出した標高二〇～二五メートルの舌状台地上に占地し、東側に谷津があり、西側が江戸川および河川敷となっている。五つの郭（曲輪）に区画された戦国時代の城郭とみられ、その規模は長軸（南北）が約六五〇メートルであり、また短軸（東西）は北部（Ⅰ郭〈主郭〉・Ⅱ郭）で約一〇〇メートルと狭いが、中央部の最も幅の広いところ（Ⅲ郭・Ⅳ郭）では約二三〇

メートルとなっている。西側の河川敷と城跡台地面までは比高一五～二〇メートルで急峻な崖であり、これに対して東側の谷津から城跡台地面までの比高は一〇～一五メートルである。この東側の谷津は、かつて腰まで沈み込む深田であったといわれるので、古くは江戸川に続く泥湿地帯であったとみられる。今日、城跡には、土塁・空堀・櫓台《やぐらだい》・虎口《こぐち》跡や、二重土塁・堀切《ほりきり》・腰曲輪《こしぐるわ》跡などの若干の遺構が残る。

二、北条氏綱が下総へ向けて出陣

北条軍の進撃路

天文七年（一五三八）十月二日、「小弓上様義明、里見ヲ引率、鵠台ニ御出張」の知らせを受けた北条氏綱・氏康《うじやす》の両将は、直ちに相模小田原を進発し、西下総へ向かった。(8)この氏綱の出陣について、『国府台戦記〈一名鴻臺前記〉』では、「御所様の御舎弟元頼〈基頼〉にわかきみ〈義明の嫡子義純〉をさし添《そえ》申、三ケ国（安房・上総・下総）の侍共に仰付られ給ひて、よせ来る北条をまたせ給ふそゆ、しき、去間、北条殿は此由を打聞て、関東の諸侍の御請を申さぬ先に、いそき勝負を決せんと、十月四日に小田原をうち立て、五日と申、辰の刻に武蔵国にきこえたる江戸の城に着給ふ」と書いている。

江戸城に入った北条氏綱・氏康父子は、早速に「軍ノ評定」を行ない、江戸より迂回して「三十より《余里》をうちまはり、ざいざい志よ〳〵《在々所々》をほうくわ《放火》あるべき」ことを決すると、翌六日、氏綱は「武・相・豆軍兵引率五千余騎」にて江戸城を出陣し、浅草川（浅草付近の隅田川〈大川〉の別称）に船橋《ふなはし》を架けてうち越し、「おほつの宿」（東京都葛飾区奥戸か）を通り過ぎ、国府台城と直接向き合う「直向《ただむかい》、葛西城郭」に軍旗を上げて敵を招き粧《よそお》うとともに、「さるがまた」（猿ケ又／同区猿町）へさし上り、そこから松戸対岸の太日川（現江戸川）畔に至り、堤にて評議ののち渡河を開始し、国府台北方の「松どのたいといふ山」（松戸の台／松戸城／千葉県松戸市松戸字戸定・壱台）へ先勢をあげたという。一方、松戸台の北側には、谷津を隔てて相模台城（岩瀬城とも／同市岩瀬字相模台）があり、そこには小弓勢の椎津・村上・堀江・鹿島の諸氏が在陣し、北条軍の渡河の様子などその動静を窺っていたとも伝える(9)。

松戸城跡から相模台（中央の森）の城跡を望む　撮影：平成元年頃　千葉県松戸市

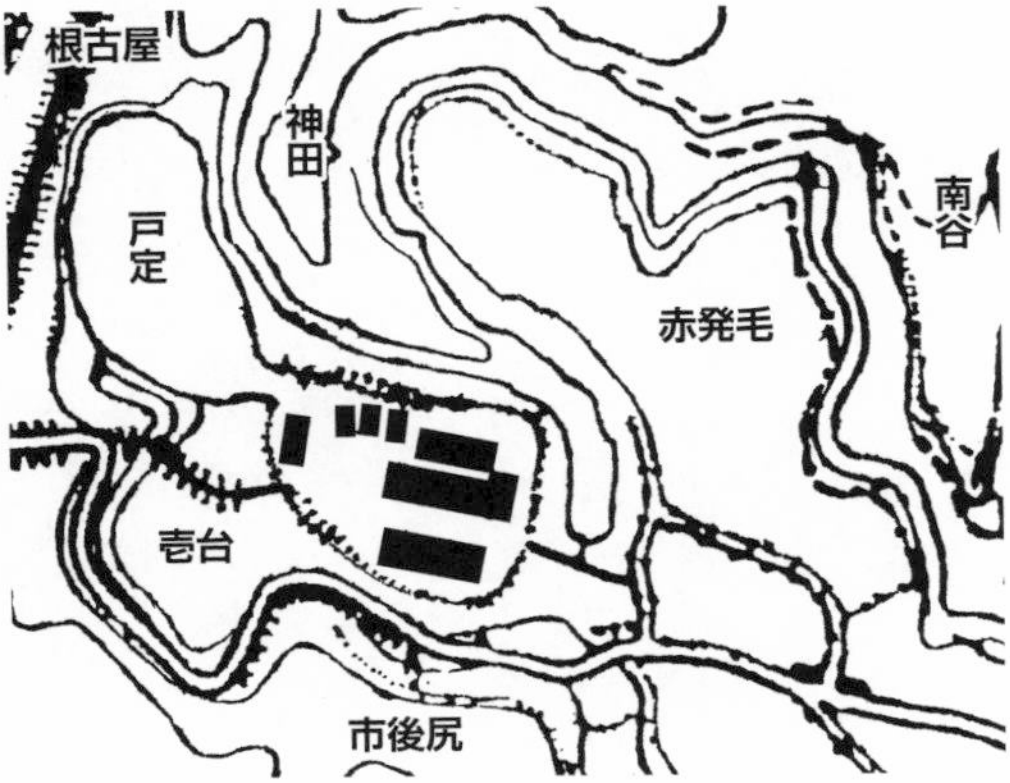

松戸城概念図

この軍事行動で、北条氏綱は「いち川・中川は、しほのみちひ《潮の満干》にわたり《渡》ある」といわれた渡河が容易な葛西城から、直接足利義明の本陣・国府台城を攻める進撃路を取らずに、あえて北へ迂回して松戸対岸から渡河し、国府台の北方に続く松戸台（松戸城）に布陣して合戦に臨んだのであった。

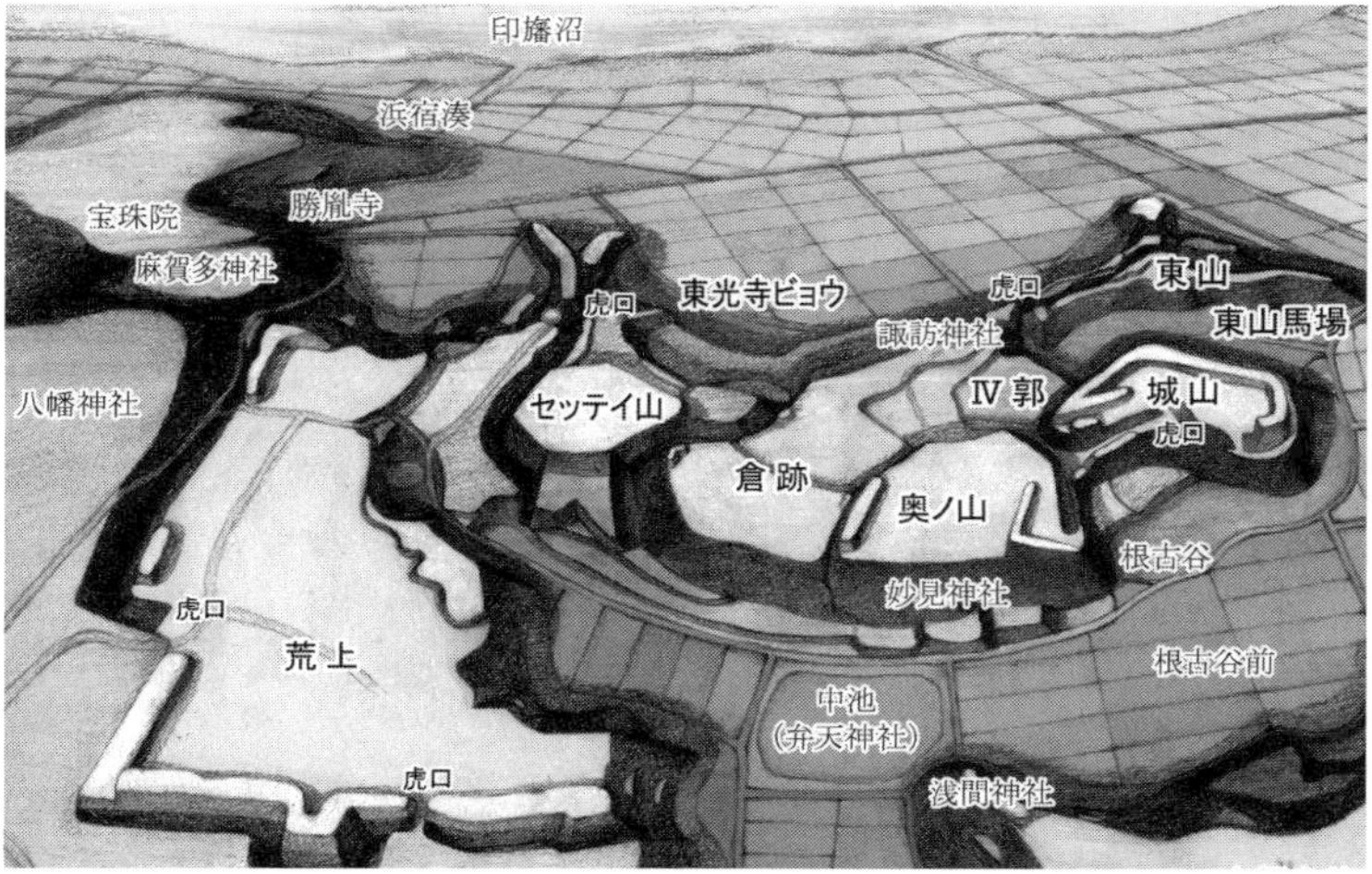

本佐倉城跡鳥瞰図　戦国時代の千葉氏歴代の本拠であった　図版提供：酒々井町教育委員会

北条氏は、隅田川(浅草川)・葛西川(中川)・古利根川・太日川の水運を使って、松戸まで軍事物資を運んだことも推定されよう。

古河公方晴氏の千葉昌胤参陣要請

古河公方足利晴氏は、北条氏綱に対して小弓公方義明追討の御内書を出したが、同時に下総本佐倉城(千葉県印旛郡酒々井町)の千葉昌胤《まさたね》にも義明退治のための出兵を命じていたとみられる。『千葉伝考記』には、「源義明、生実城に在りて益々威を振ひけるより、古河晴氏これを悪《にく》み給ひ、北条氏綱・氏康竝《ならび》に昌胤に謀《はか》りて討伐せんと欲《ほっ》せらる、義明此の事を聞き、房州の里見義弘(義堯の誤り)等を催して、総州国府台に出張せらる、北条氏綱父子、亦《また》大軍を率ゐて出陣し、江戸川を隔てて大いに戦ふ、昌胤も兵を出して之《これ》を援《たす》く、義明遂に敗れて討ち死にし、是に於て、北条・千葉は共に兵を収めて凱旋」（義明、小弓城にいてさらに威勢をつけたので、足利晴氏がこれを憎んで、北条氏綱・氏康・千葉昌胤に頼んで討伐しようとした。義明はこのことを聞いて安房の里見義堯などを集めて、下総国府台に出陣した。氏綱父子も大軍を率いて出陣し、江戸川を隔てて大戦となった。昌胤も兵を出して北条氏に味方した。義明が敗れて討ち死にし、北条・千葉は兵を収めて凱旋）したとある。

また、次のごとく年未詳（天文七年か）五月二十七日付の上総国山辺郡成東城《なるとう》（千葉県山武市）主・千葉八郎胤定《たねさだ》宛て足利晴氏書状（写）、並びに同八月五日付の千葉昌胤宛て晴氏書状がある（史料18―①・②）(10)。

史料18―①は、古河公方足利晴氏が千葉昌胤の弟・千葉（号成東／鳴戸とも）八郎胤定に対して、この度は「向房州可有御動座候」につき、昌胤に同心して速やかに自身が馳せ参じるように命じたものである。天文七年、晴氏が義明退治を北条氏綱と千葉昌胤に命じたことに関連して、小弓城（生実城）の東方に位置する成東城の千葉八郎の出陣を促したものとみられる。また、史料18―②文書は、晴氏が千葉介へ、国中の様体について、心元ないので使者として豊前左京亮を遣わし、「可然様、其備可為簡要候」ことを伝えたものであり、やはり義明との決戦を前にした頃のものと考えられる。

本佐倉城主・千葉昌胤が、この戦いに自身が出陣したかは明確にし得ないが、千葉・北条両軍に属して古河方として出兵したとみられる下総国内の諸氏は、弥富城（千葉県岩富城／同佐倉市）の原胤行《たねゆき》（九郎左衛門尉／法号彌清）および原式部大夫胤清以下の原一族、小金城の高城胤吉《たねよし》、高田城（同柏市）の匝瑳《そうさ》氏、さらに東総の八日市場福岡城（匝瑳城か／同匝瑳市）の押田《おしだ》氏一族らをあげることができる。[11]

小弓軍の編成

これに対して、足利義明方の軍勢は、義明および嫡子義純・舎弟基頼を三大将として、逸見山城入道祥仙・佐々木源四郎・逸見八郎・佐野藤三・町野十郎をはじめ、椎津・村上・堀江・鹿島氏らの近臣・御馬廻《おうままわり》衆を中心として編成されていたとみられる。いわゆる義明の直臣団による軍勢であり、これに小弓方の上総真里谷城の真里谷惣領信応《のぶまさ》の手勢が加わった。さらに、小弓方として従軍したのは、安房の里見義堯が率いる正木以下の房州軍、並びにこの里見氏に属したという上総土気《とけ》城（千葉市緑区）の酒井定治《さだはる》の手勢などであったとみられる。[12]

里見氏の精兵として、「軍将正木弾正左衛門《だんじょうざえもん》」や安房勝山の「萱野谷」氏、「中山新蔵・平沢孫六・山名八郎・瀬川小平六・宮寄弥六等」の名が伝えられ、また「天文七年十月七日、足利義明与《と》北条氏綱、戦下総国府台、定治〈酒井〉従里見義堯、助義明」と記している。[13]

このほか、『国府台戦記〈一名鴻臺前記〉』（天正三年乙亥《きのとい》八月十一日奥書あり）や、『相州兵乱記〈一名関東兵乱記〉』などには、小弓の将兵として、「佐々木少府二郎以下、馬廻二十四騎」「椎津隼人佐《はやとのすけ》」「鹿島ノ郡司」といった名がみえる。

しかし、これら軍記・系図類の記事だけでは、小弓軍の編成がどのようなものであったのかを明確にすることはできない。とくに義明の近臣・御馬廻衆以外の軍勢に関しては、真里谷武田信応・酒井定治の従軍についての有無・真偽はもとより、『快元僧都記』に「小弓上様義明、里見ヲ引率、鵠臺ニ御出張」とみえる里見軍の実態・規模についても、確実な史料がないため具体的にはまったく不明としか云わざるを得ないのである。

合戦直後の「天文七つちのへいぬ〈戊戌〉十月二十五日」の奥書がある『小弓御所様御討死軍物語』は、小弓勢を「ほうこう〈奉公〉のかたがた〈方々〉、国かた〈方〉のめんめん〈面々〉」などと表記しており、他には「小弓さまの御せい〈勢〉は二千よき〈余騎〉」とみえるくらいで、この記録に里見氏についての記事はいっさいない。とはいうものの、里見義堯の軍勢は、やはり義明に従って西下総へ出張し、義明が本陣を構えた国府台城か、ないしは同城周辺の要所に布陣したといえそうである。

里見義堯の率いた房州軍は、おそらく実質的に小弓方の主力であったものと推定されるが、にも拘《かか》わらず積極的な軍勢の活動・展開をうかがわせるような徴証がみあたらない。今度の軍事行動に里見氏が前向きになれなかったのは、関東足利氏内部の正嫡争いという性格上から、たとえ元来、里見氏が古河公方の有力家臣（足利氏御一家に準ずる家格）であったにしても、今一つ意義・大義に適わなかったためではなかろうか。

三、足利義明・義純父子の最期

松戸台・相模台の戦い

天文七年（一五三八）十月七日、北条氏綱の軍勢が松戸の対岸から渡河し、「国府台のつゞき、松戸の台といふ山」に先勢を上げたことを知らされた足利義明は、嫡子義純・舎弟基頼らとともに、直ちに国府台城を出撃して矢切道《やぎりみち》を北上し、松戸台へ向かった。国府台から松戸台までは約一・七キロメートルの近さである。国府台と松戸台の中間、下矢切（千葉県松戸市）の八幡山西蓮寺《さいれんじ》の寺伝には、「然ニ天文七年国府台城兵乱放火蜂起シテ、寺・民屋不残已《すで》ニ焼亡ス、時ノ住ハ外物ヲ捨テ置、本尊阿弥陀仏御尊像、漸《ようや》ク奉守、庭前ノ榎《えのき》ノ大木之窕《あな》ニ奉入置畢《おわんぬ》」とみえる。(14)

そして、義明・義純父子の軍勢は、松戸台の北側に谷津を隔てて対峙する相模台城に在番した小弓軍の先陣椎津・村上・堀江・鹿島の諸氏と連携して、松戸台の北条勢を南北から攻めた。『快元僧都記』によると、「上様〈義明〉并御曹司《おんぞうし》〈義純〉・基頼公三大将、椎津・村上・堀江・鹿嶋等、面々競戦」と攻め寄せたが、これに対して北条氏綱の先陣「志水〈清水〉・狩野・笠原・遠山・伊東等防之、急ニ攻戦」となったという。合戦場となったのは、松戸台・相模台一帯であったとみられる。

『本土寺過去帳』（上七日）には、「下総国相模臺御合戦、大弓上意御父子・基頼御三人始メ申千餘

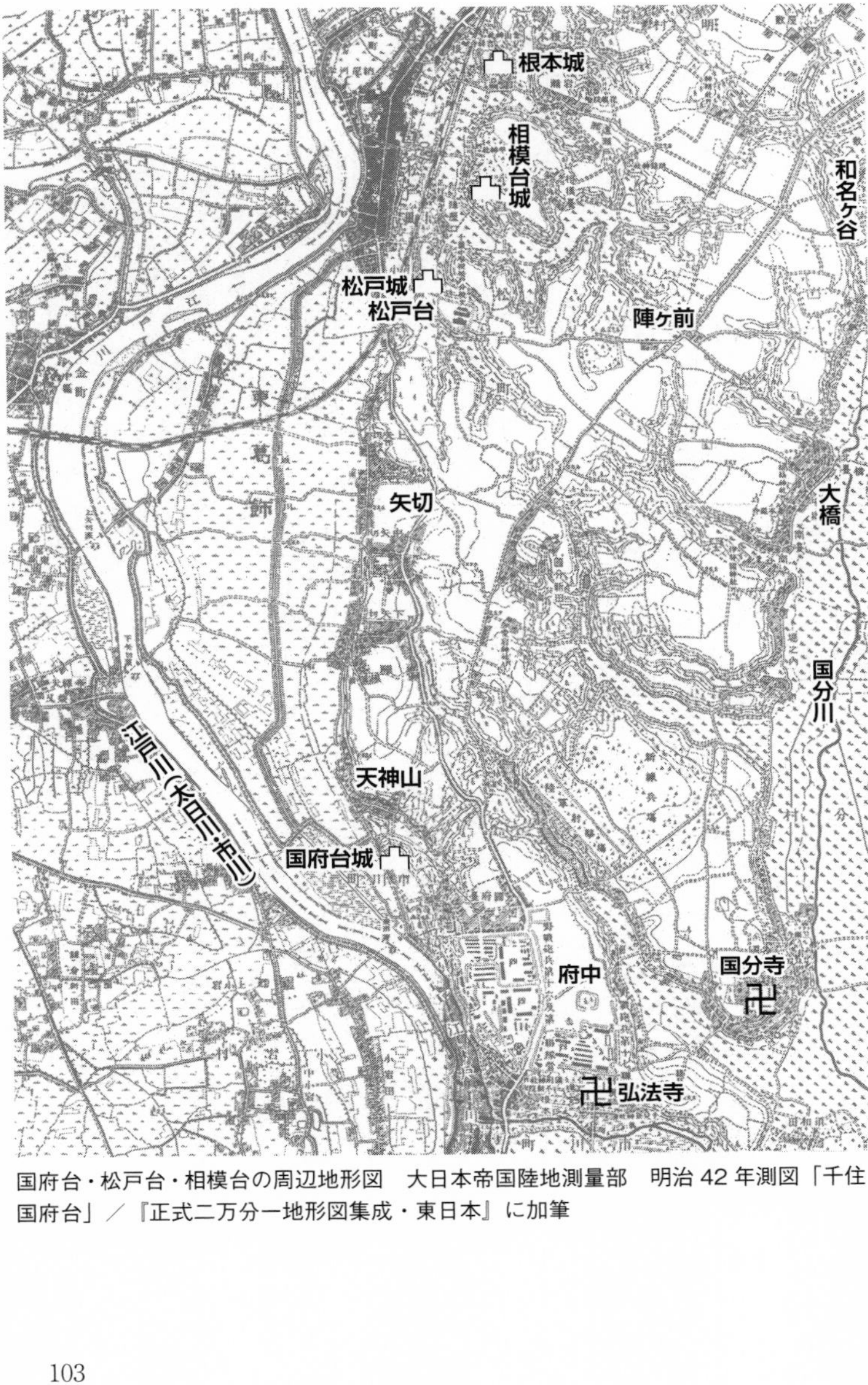

国府台・松戸台・相模台の周辺地形図　大日本帝国陸地測量部　明治 42 年測図「千住・国府台」／『正式二万分一地形図集成・東日本』に加筆

人之打死也、天文七年十月七日申酉二時之御一戦也」とみえ、相模台で合戦が行なわれたことを伝えている。また、合戦の時刻については、「申酉二時《さるとりふたとき》」（午後三時～七時）であったという。

しかし、このほか『小弓御所様御討死軍物語』には、「七日、巳《み》の刻（午前九時～十一時）より申《さる》の刻〈午後四時前後〉に至るまで、やいくさ《矢軍》野ぶし《伏》限りなし」といい、あるいは「氏綱は手備へをして時を待つ、巳の刻より野ぶし〈野戦で敵備へ射かけるのを野伏戦という〉して、申の終わりに成ければ、北条氏綱は、嫡男の新九郎氏康に団扇《うちわ》を取らせて、只今といくさ《戦》始めて寄せ掛くる」とある。さらには、「いくさは十月七日とらのこく《寅刻》、ひのとのひつじ《丁未》の日なり、御所さまひがし《東》御そなへ《備》、氏綱はにしきた《西北》、うしとら《丑寅》、かくのごとくそなへかゝり《備え掛かり》」であったということだ、「からめて《搦手》はうしとら《丑寅》なりしなり、こうのだい《国府台》はみなみ《南》、いくさば《軍場》はの松とのだい《戸の台》はきた《北》也、きた《北》よりみなみ《南》へちり《散》し也」と記している。

経世塚と相模臺戦跡碑　経世塚は相模台合戦の戦死者を葬ったという伝承をもつ　千葉県松戸市

今日、相模台の聖徳大学構内には、「相模臺戦跡碑」および小弓軍の戦死者を葬ったとの伝承をもつ「経世塚《けいせいづか》」（もと軽盛塚）がある。大正八年（一九一九）、相模台に陸軍工兵学校が創設された時の工事で塚は崩壊したが、のち昭和五年（一九三〇）に復元され、戦後、現聖徳大学へ引き継がれたものである。もとは同大学北東部の校舎南側に石碑と塚一基があったが、その後、現在地（正門近く）へ移されている（一〇四頁写真）。かつて塚からは中世の板碑片や埴輪・土器片が出土したというので、元来は相模台古墳群の一つであったものと推定される。

また、松戸台の地（千葉県松戸字戸定《とじょう》・壱台《いちだい》）は、文正元年（一四六六）に千葉氏家臣の原信濃入道および子八郎が拠った「松渡城郭」があったところで、戦国時代の後期には小金高城氏の持城《もちじろ》「松戸城」となり、その城主は高城筑前守（胤辰の弟胤正《たねまさ》か）であったと伝えている。[15] この松戸城跡の台地は、北西麓に浄土宗広大山松龍寺《しょうりゅうじ》があることから、かつて松龍寺台ともいわれ、あるいは城山と呼ばれてきた。

江戸川対岸の河川敷から見た国府台城の丘陵。江戸時代の版本には川に面した場所が断崖絶壁の要害として描かれている　千葉県市川市

この松戸台・相模台の戦いに際して、北条軍は古利根川・中川（葛西川）分岐点の猿ケ又より松戸方面へ進み、合戦に臨んでおり、この軍事行動が水運の利用と併行してなされたことも想定される。当地域の河川流路については、「すみだ《隅田》河のみなかみ《水上》さるがまた《猿ケ又》といふところより、ながれ《流》わかつ《分》て、

いちかわ《市川》、中川、あさ《浅》草川とて、三すぢ《筋》四すぢの大かわ、しほ《潮》のみちひ《満干》に渡なし」などとあり、水運の利便性が考えられる。[16]

すなわち、松戸台の西下を流れる太日川（市川）は、古利根川・中川を経て、河川水路によって荒川（入間《いるま》川）・隅田川（浅草川）とつながっていたといえよう（五三頁の「下総之国図」参照）。

足利義明夫妻の墓　千葉県市原市

義明討ち死にと小弓方の敗走

戦いは、「小弓衆打負」となって、先手の大将・御曹司義純と基頼の二人が、北条の先懸《さきが》け伊東《いとう》・朝倉《あさくら》・桑原《くわはら》・石巻《いしまき》等の将兵に取り囲まれて討ち死にした。さらに、御大将の足利義明は、鬼月毛《おにつきげ》という名馬に乗って「佐々木少府二郎以下二十四騎」を従えて敵軍へ攻め入り、「小田原方安藤備前」をはじめ敵数十人を討ち取ったが、「三浦城代横井神助」の放った矢にあたり、馬上より射落とされたという。そこをすかさず「松田弥次郎」が馳せ寄って義明の御首を討ち取ったとある。[17]

また、『鎌倉九代後記』は、義明討ち死にの様子について、「義明ハ、小田原勢ノ中ニ、関八州無雙ノ強弓・横井神助ト云者カ射ル矢ニアタリテ死ス、横井、義明ノ首ヲ取ント進ム、義明ノ近習等、馳

「小弓義明 戦死の図」（「成田名所図会」所収）

来テ是ヲ防ク、神助カ同心小林平左衛門、向フ敵一騎討テ皆追散ス、其間ニ松田弥次郎馬ヲ馳テ、義明ノ首ヲ討ツ」と書いている。

義明の重臣・逸見山城入道祥仙は、相模三浦郡代官の「山中修理亮《しゅりのすけ》」に討たれ、そのほか「討死百四十余人」であったという。あるいは「同七日、於鵠臺合戦、大弓上様御一門悉御滅亡、上総人数数百人滅亡」ともある。義明・義純・基頼三大将の討ち死にによって、小弓軍は総崩れとなり、「御所方佐々木源四郎・逸見八郎・佐野藤三・町野十郎等」は戦場を遁《のが》れ、このうち町野十郎は落ちる途中で、「けき川」（千葉市花見川区検見川か）という所にて「おひばら」（追腹）を切り、「ひるい〈比類〉なきはたらき〈働〉なり」と記されている。[18]

この合戦で、里見義堯以下の房州軍の活躍は伝えられておらず、おそらくは早々に合戦を見限り、戦場を離脱していったものと思われる。里見軍の退路については、松戸台から二・二キロメートル東方の和名ケ谷村《わながや》（松戸市）に里見軍の伝承が残されているので、松戸台（松戸城）下の「市後尻《いちごじり》」付近から東方へ陣ケ前《じんがまえ》・和名ケ谷を抜けたか、または南東へ向かって夏刈《なつかり》（同市大橋字夏刈）から大橋道を辿ったことが推定される。下総国府道は、陣ケ前から大橋村の手前の夏刈の辻を経て南下し、府中・真間弘法寺《ぐほうじ》・市川宿へ至り、また和名ケ谷・大橋村より南下すれば、下総国分寺《こくぶんじ》（市川市国分）へ至ったのである。

今、国分寺裏の路傍には、天文十六年（一五四七）奉納の石塔（天保五年〈一八三四〉再建）があり、その石面には「左ま津ど道」と刻まれており、さらに同所には近世（天明二年〈一八七二〉）の「まつど道」「大はし道」の石塔などもある。大橋村の南には、伊弉諾神社《いざなぎじんじゃ》（市川市堀之内）脇の道沿いに、やはり近世（文化六年〈一八〇九〉）の「西松戸、東堀之内、南国分寺、北大はし」と刻まれた青面金剛《しょうめんこんごう》の庚申塔《こうしんとう》が残っており、これらによって戦国期に遡って当地域の交通路が推察されよう。

真間山弘法寺の末寺・和名ケ谷の日蓮宗 頂 昌山本法寺《ちょうしょうざんほんぽうじ》（もと真言宗浮ケ谷山通源寺《つうげんじ》／建治三年〈一二七七〉に日蓮宗に改宗という）の記録によると、天文七年十月七日の合戦後、里見軍の敗兵が当寺内に隠れて潜伏していたところ、北条勢に発見されて、堂宇は悉く焼かれて灰燼《かいじん》に帰し、唯一、如来堂のみが残ったというのである。(19)

北条氏綱の国府台入城と首実検

明けて十月八日辰《たつ》の刻（午前七時〜九時）、合戦に勝利した北条氏綱は、足利義明の本陣であった国府台城に打ち入り、さっそく首実検を行なった。「くび《首》あつめて、かづ《数》みれば、一千よ《余》とちうもん《注文》にあり」という。義明・義純父子の首は、古河城の古河公方足利晴氏のもとへ持参して届けられた。この国府台城内での首実検の場における様子については、次のごとく記されている（史料19―①）[20]。

かようなところに、奉公衆の方々や従属していた国方《くにかた》の面々の首を訪ねて、僧侶たちが国府台に寄り来て、首を見分けて、それぞれ衣の袖に押し包んで、側《かたわら》を往来して三昧場《さんまいば》（墓原《はかわら》）に埋葬して、念仏をしているのが哀れである。

首実検の場には、このように僧侶らが出入りして、弔いの活動をしていたというのである。また、首実検の奉行には、義明の重臣（奉行人筆頭）逸見山城入道祥仙を討ち取って功をあげた山中修理亮が任命されたという。『北条五代記』（巻之三）に、「氏綱ハ高野台にはた《旗》を立て、床机《しょうぎ》に腰をかけ給ひ、山中修理介《亮》御前に候《こう》す、此者《このもの》、数度の合戦に武略をもって敵を亡し、軍法兵義をし《知》る故実《こじつ》の者、兼て武士司にふ《補》せられる、此人首じつけん《実検》の奉行なり、首討ち捕る戦場の仕合を尋ね聞て、忠の軽重をしるす、大合戦に勝利をうる事なれハ、一番鑓《やり》にぬきんて首討ち取る者おほし」とみえる。

『足利家通系図』『下野喜連川足利家譜』[21]によれば、義明の遺骸《いがい》は、上総国養老川左岸の「十五沢《じゅうごさわ》村」（千葉県市原市十五沢）に葬られたといい、ときに享年五十七、法名は「八正院殿道哲大居士」とある。しかし、この五十七歳で戦没というのは誤りであり、実際には義明の享年は五十一、二歳であったとみられる。この義明が葬られた十五沢村は、義明の甥・足利晴直《はるなお》（高基の二男／上杉憲房の養子・憲寛《（広）》）が拠っていた上総国宮原村（同市宮原）に北接する地である。晴直は大永五年（一五二五）四月に関東管領上杉憲房の養子となって憲寛《のりひろ》と名乗り、管領職を継いだが、享禄四年（一五三一）九月に同職を辞し、叔父の小弓公方義明を頼って上総国宮原村に移り、本姓足利晴直に改めて、宮原御所と称されたと伝える。義明の遺骸は、この甥・晴直に引き取られて、宮原村に隣接する十五沢村に葬られたとみられよう。なお今日、義明の伝八幡御所跡にある源氏所縁の白幡神社（同市五所）と同様に、この市原市十五沢の地にも白幡神社が祀られている。

義明の嫡子義純については、「太郎御曹司与《と》父戦死」とみえるのみで、詳細は不明である。[22] 義純に関しては、唯一『国府臺戦記』（一名鴻臺前記）に、「若きみさま〈義純〉の御めのと《乳母》であった「れんせいと申す女房」が、「せめて我きみの御しかはね《屍》を見まいらせん」と、小弓から稲毛・検見川・船橋・市川の渡し場を経て、松戸相模台の「若きみさまの御へう《廟》所」を訪ね、その後、出家して諸国七堂を巡り、若君の菩提を弔ったという話を載せている。

義純は幼名を「龍王丸」といい、その龍王丸段階の鑁阿寺《ばんなじ》宛て書状が残されている（史料19―②）。[23] これにより、義純が幼名龍王丸を称していた段階から、義明の嫡子（家督継承者）として、すでに公的な立場で文書を発給していたことがわかる。また、義明の弟基頼の遺骸については、基頼の初期の勢力基盤であった常陸南部に近い下総国猿島郡の「若林村」（茨城県境町若林）に葬られたとある。[24]

【註】

（1）千葉県史料中世篇諸家補遺『弘法寺文書』

（2）『相州兵乱記〈一名関東兵乱記〉』『北条記〈一名小田原記〉』

（3）『小弓御所様御討死軍物語』

（4）千葉県の歴史資料編中世4・小田原市史史料編中世Ⅱ小田原北条1・戦国遺文後北条氏編『大庭文書』

（5）『鎌倉九代後記』

（6）千葉県の歴史資料編中世4『松平義行所蔵文書』

（7）『鎌倉大草紙』『永享記』『鎌倉九代後記』

（8）『快元僧都記』

（9）『小弓御所様御討死軍物語』『松平義行所蔵文書』『国府台戦記』『快元僧都記』

（10）千葉県の歴史資料編中世3・4／戦国遺文古河公方編『聚古文書』『千葉勝胤家文書〈千葉勝胤氏所蔵文書〉』

（11）『千葉大系図』／房総叢書四『高城家由来書』／海上町史史料編Ⅰ『泉阿弥講共有文書』

（12）『快元僧都記』『小弓御所様御討死軍物語』『土気古城再興伝来記』『土気城雙廃記』

（13）『坂東八館譜』里見氏譜・土気酒井氏譜／『延命寺所蔵本里見系図』

（14）『松戸町誌』

（15）千葉県の歴史資料編中世4『御内書案』／我孫子市史資料古代中世篇『高城家由来書』〈八木原本〉／房総叢書四『高城家由来書』

（16）『小弓御所様御討死軍物語』

（17）『快元僧都記』『相州兵乱記』

(18)『快元僧都記』『小弓御所様御討死軍物語』
(19)『八柱誌』〈昭和七年刊〉
(20)『小弓御所様御討死軍物語』
(21)古河市史資料中世編
(22)『古河公方系図』
(23)千葉県の歴史資料編中世４『鑁阿寺文書』
(24)『足利家通系図』

第五章　小弓城陥落と遺児足利国王丸（頼淳）のその後

一、北条軍の上総進攻

御曹子国王丸と女子三人の小弓城脱出

天文七年（一五三八）十月八日、北条氏綱が国府台城へ入り、首実検を行なっている頃、小弓城（生実城／千葉市中央区生実町字本城・宮脇等）へ立ち戻った義明の御馬廻衆佐々木源四郎・逸見八郎・佐野藤三らは、直ちに城に火を放ち、当時三歳の「上様ノ御末子御曹子」（幼名国王丸《くにおうまる》／のち頼淳《よりずみ》）を伴い、里見氏を頼って房州へ脱出したという。(1)また、この時、おそらく義明の娘三人も、国王丸とともに脱出したと思われる。

『鎌倉九代後記』『鎌倉〈管領〉九代記』『北条五代実記』『相州兵乱記』などの軍記類には、「義明ノ馬廻佐々木源四郎・逸見八郎・佐野藤三・町野十郎以下、皆自殺ニ及フ所ニ、逸見山城守カ諫《いさめ》ニヨリテ、小弓ニ行テ、御所ヲ放火シ、義明ノ小子等ヲ具足《ぐそく》シ〈伴い・引き連れ〉、房州へ退去ス」とか、あるいはまた、「逸見入道は……いかに面々、爰《ここ》にて自害し給はば、小弓の御所に残し置きまゐらせし、若君達をば、誰かは隠し申さん、敢えなく敵に生捕《いけど》られ、憂目《うきめ》を見給はん事、口惜《くちおし》かるべく存ぜられずや、此度命を全くし、若君達を守立《もりた》て、時節を待つ謀《はかりごと》を廻《めぐ》らし、先君の恨《うらみ》を報じ奉られ候らへと、強く諫《いさ》めて小弓にぞ帰しける、頓《やが》て御宝物は取認《とりしたた》め、御殿に火を懸け、若君達の御供申して、泣泣《なくなく》房州へぞ落行きける」などといった記述がみられる。

『快元僧都記』以下これらの記事では、足利国王丸らは里見氏を頼って房州へ落ちたことになっているが、これは疑問である。その落行先については、他に「一、頼純〈頼淳〉小名国王丸三歳之時、御父義明公、高之臺にて討死之時、めのと《乳母》奉抱、上総之小多喜《小田喜》江退去、新城之御所と号スト云々」との伝えがある。(2) 当時、上総小田喜《おだき》城主は、真里谷武田氏一族の武田朝信《とものぶ》であったので、この記録のように、国王丸・乳母をはじめ義明の女子三人や近臣らが、この朝信を頼った可能性は高いといえるであろう。

真里谷信隆の復権と原胤清の小弓城回復

国府台城での首実検を終えた北条氏綱は、翌十月九日、軍勢を率いて南下し、ひとまず小弓城へ入って陣を取った。そして、明けて十日早天《そうてん》（早朝・明け方）には、さらに南下して上総国へ入り、小櫃《おびつ》川河口に近い「中志ま《中島》」（木更津市中島）に「五千よき《余騎》にてぢん《陣》」を取り、「きんへん《近辺》をほうくわ《放火》すれば、

わらや《藁屋》一ツも残らざる」となった。(3)

この江戸湾の海に面した上総中島の陣へ、真里谷武田氏の家督争いに敗れて北条氏を頼っていた真里谷武田信隆が、在宿先の対岸の武蔵国金沢（横浜市金沢区）から、「こ船にのり、五百よてう《余町》のかいしやう《海上》を、一ときにとかい《渡海》」して馳せ参じたという。これを伝え聞いた上総の諸侍は、「百き《騎》二百き《騎》ひきつれて、我も〳〵と氏つな《綱》のはたもと《旗本》へ、とき《時》をうつ《移》さず、はせ《馳》きたる」という情況となり、三日も過ぎないうちに、信隆のもとには五百騎が集まり、そのため敵対していた「おと《弟》ゝの八郎四郎〈信応《のぶまさ》〉、そのほか志んるい《親類》、だうみやう《同名》、いゑ《家》の子にいたるまで、氏つな《綱》と氏やす《康》のたちかげ《太刀影》におそ《恐》れて、そうれう《惣領》のぶたか《信隆》に、ことごとひざ《膝》をおり」と屈服したのであった。

こうして信隆は、北条氏の支援を受けて真里谷武田氏の惣領として復権し、上総真里谷城へ帰城したのである。

また、小弓城を足利義明に奪われていた原式部大夫胤清も、「国をお《追》はれ申て、こゝかしこをるらう《流浪》し、きんねん《近年》月は、むさし《武蔵》の国へうちこし、氏綱をたのみて、あさ《浅》草にざいしゆく《在宿》」していたが、思いがけなく「ほど《程》をへ《経》て十七年」にして、氏綱・氏康の武威により小弓城を回復し、「三日のうちに六千よき《余騎》になりにけり」と伝えている。(4)

その後、原胤清は勢力を拡大し、のち天文十六年（一五四七）から同十九年（一五五〇）にかけて、国守大檀那千葉親胤《ちかたね》のもとで千葉妙見宮社（千葉市中央区／現千葉神社）の造営事業を指揮した。そして、天文十九年十一月二十三日に御遷宮の儀式が行なわれた時には、「原式部大夫胤清の一門・家風」として、「高城・両酒井・斎藤・菊間・加藤・秋山・岸谷・津・大熊・佐久間・府河〈豊島か〉・天生院〈源長〉」らが名を列ねており、皆々馬・太刀を献納している。(5)

北条氏綱の凱旋と勲功

下総・上総両国を収めた北条氏綱は、十月二十三日、鎌倉へ凱旋《がいせん》し、造営中であった鶴岡八幡宮工事の進捗《しんちょく》状況を窺うとともに、建長寺・円覚寺など五山十刹《ござんじっせつ》の僧中に命じて、今度の合戦で討ち死にした足利義明はじめ敵味方の将兵の供養を行なわせたという。(6)

これに対して、『快元僧都記』（神道大系本）では、十月十日に「氏綱帰陣」したとあり、翌十一日には小田原において「御合戦無為《ぶい》之御祝儀有之」と記している。日程・時間的なことを考慮すれば、合戦のあった十月七日から下総・上総両国の戦後処理を行ない、十月十日に氏綱帰陣というのはかなりきびしいといえる。したがって、普通に考えれば、前者のごく十月二十三日に鎌倉帰陣という方が相当であるといえようか。

古河公方足利晴氏は、義明の敗死によって関東足利氏の正嫡争いに決着がついたことにより、この合戦で活躍した北条家臣の伊東右馬允《うまのじょう》（祐尚《すけなお》）および徳陰斎《とくいんさい》（渋江弾正左衛門尉《しぶえだんじょうざえもんのじょう》／景胤《かげたね》）に対して、次のごとく感状（写）を与えている（史料20—①・②）。(7)

また、千葉昌胤は、義明滅亡によって千葉・原方が小弓城並びに千葉庄周辺を回復すると、十一月十五日付で千葉氏の守護神・千葉妙見宮の禰宜《ねぎ》左衛門大夫に対して、今度の戦勝祈念の祈禱を賞して、「妙見禰宜職」に補任する旨を伝えている（史料20―③）[8]。

千葉昌胤は、国府台合戦に出兵したが、その際に千葉妙見宮の禰宜左衛門大夫に戦勝祈念の御祈禱を依頼したとみられ、その甲斐あって勝利を得たため、その祈禱の功を賞して、改めて左衛門大夫へ妙見禰宜職を与えたのである。

次いで、天文八年（一五三九）四月二十日には、北条家臣の江戸城代・遠山綱景《つなかげ》が、国府台に近い「市河之内」の真間山弘法寺に対し、義明の奉行人・逸見山城入道祥仙が「依仰」として下知安堵していた同寺の「御門前之御手作幷畠之事」を、改めて寄進・安堵し、これを受けて同月二十八日付で原胤清も「従遠山方寄進候」を了承する旨の書状を出している[9]。

一方、北条氏綱は、古河公方足利晴氏から勲功を賞され、関東管領職に補任する旨の御内書を与えられたという。後年（永禄十二年ヵ）の「越相御和融」の条件を箇条書した北条氏康条書のなかに、「一、先年、亡父氏綱応　上意令進発、於総州国苻（府）台、遂一戦、稀世　御父子三人討捕申候、依勲功官（管）領職被仰付、御内書両通頂戴候」（読み下し・先年〈天文七年〉に亡父氏綱、上意に応じ進発せしめ、総州国府台に於いて、一戦を遂げ、稀世の御父子三人〈義明・義純・基頼〉討ち捕り申し候、勲功に依り、管領職仰せ付けらる、御内書両通〈勲功賞の御内書と管領職補任の御内書〉を頂戴し候）（現代訳・先年に亡父氏綱が晴氏様の命令に応じて出陣して、下総国府台で合戦になり、義明・義純・基頼を討ち取りました。その勲功によって関東管領に補任され、御内書両通を頂戴しました）とあり、氏綱が国府台合戦の勲功によって足利晴氏から関東管領職を仰せ付けられたことを述べている。(10)

そして、その翌年の天文八年八月には、北条氏綱は古河公方晴氏にみずからの娘（芳春院殿《ほうしゅんいんでん》）を嫁がせてその姻戚となった。これによって北条氏は、関東管領職および関東足利氏（古河公方家）の御一家という政治的地位を獲得し、旧来からの関東管領山内上杉憲政（のちに関東管領上杉政虎《まさとら》〈輝虎《てるとら》・謙信《けんしん》〉）に替わる正統な関東の支配者としての立場を主張するに至ったのである。

二、足利頼淳の上総小田喜在住

国王丸の元服と女子三人の得度

さて、小弓城を脱出した足利義明の末子御曹司・国王丸（三歳）は、義明の女子三人とともに、乳母や近臣らに守られて、既述したように上総小田喜（千葉県大多喜町）へ退去したとみられる。

当時の小田喜城主は、義明を擁立した真里谷城主・真里谷武田入道恕鑑《じょかん》（寿星庵《じゅせいあん》／信清）の一族である真里谷武田朝信《とものぶ》であった。しかし、武田朝信は、このあと天文十三年（一五四四）八月七日に、小田喜の東方、夷隅川《いすみがわ》流域の「刈原」（千葉県いすみ市国吉刈谷）の合戦で、正木時茂・時忠の軍と戦って敗れ、自殺したと伝えられる。(11)

これによって、小田喜城には正木時茂が入城し、以後、小田喜正木氏の本拠地となったが、足利国王丸はそのまま小田喜に居住して「新城之御所」と号したというのである。(12) 国王丸はこの天文十三年にはまだ九歳であったが、もし十四、五歳で元服したとすれば、その元服の時期は天文十八、九年（一五四九～五〇）ということになる。実名「頼淳《よりずみ》」（頼純）を名乗って、故義明の後継者となった。

また、義明の娘三人は、国王丸の姉らであったと推定されるが、この三人の女子は得度《とくど》（出家）したのであろう。長女は、鎌倉の「雪下等覚院《とうがくいん》」に入ったものの早世したといい、詳細は不明である。

次女は、鎌倉西御門《にしみかど》の尼寺・太平寺《たいへいじ》（鎌倉尼五山第一位）に入り、「青岳尼《せいがくに》」を称して住持となり、さらに三女は叔母（父義明の妹）の渭継尼《いけいに》（松岡殿）が住持を務める同じく鎌倉の東慶寺《とうけいじ》に入って、「旭山法暘《きょくさんほうよう》」を号したのである。旭山尼は、のちに渭継尼の跡を継承して東慶寺の十二世住持となり、やはり松岡殿と称されることになる。

この三人の女子は、天文十八、九年に国王丸（十四、五歳）が元服した頃、当時十六〜二十歳くらいであったものと推定される。なお、太平寺の青岳尼は、天文二十二、三年（一五五三〜四）頃に、里見義弘の手引きによって房州へ渡海し、還俗して義弘の正室となっている。ときに義弘は二十九〜三十歳、青岳が二十三、四歳であったとみられる。これによって、鎌倉の太平寺は廃絶したのであった。(13)

なお、里見義弘は、ひそかに太平寺側と相計らったうえで、目立たぬように少数の手勢で鎌倉へ渡海し、青岳尼を連れ去ったとみられるが、この義弘の行為に驚愕《きょうがく》した小田原の北条氏康は、東慶寺へ宛てた（年未詳）四月二十三日付の書状（史料21）で、今度の事態について次のように対応している。(14)

北条氏康は、里見義弘の行為によって、太平寺殿青岳尼が寺を出て向かい地（房総）へ移住したことを「想像にも及ばぬ不思議なる企てである」と嘆くとともに、さらにまた東慶寺のご新造《しんぞう》（未婚の女性／東慶寺入山の旭山法暘のこと）をも奪い取る企てがあると聞いたので、旭山尼を鎌倉玉縄城《たまなわ》（鎌倉市植木・城廻）へ移すことを伝え、そのうえで日限のとおり入御《じゅぎょ》するように東慶寺側へ命じたのである。すなわち、里見義弘が、太平寺の青岳尼に続いて、その妹の東慶寺旭山尼をも房総へ連れ去ろうと企てているようなので、氏康はその身柄を玉縄に移すことにしたというのである。義弘は、若き日に、上総小田喜に居住していた足利義明の娘らと交流があり、房州へ引き取ろうとしていたのかもしれない。

しかし、旭山尼の房州移住は実現しなかった。その後、旭山尼は東慶寺住持を勤め、弘治二年（一五五六）頃に隠居して、扇ヶ谷の臨済禅宗の尼寺・智岸寺《ちがんじ》（英勝寺《えいしょうじ》の北西・智岸寺谷）へ移り、翌弘治三年七月十日に示寂《じじゃく》した。(15)

これに対して、里見義弘の正室となった青岳は、嫡子・義継《よしつぐ》（のちの義頼《よしより》）を生んだ後、程なくして早世したようである。没年は不明であるが、法号は「智光院殿洪岳梵長大姉」といい、安房国本織《もとおり》（千葉県南房総市）の里見家菩提寺の曹洞禅宗・延命寺に葬られたとみられる。(16) また、智光院殿の墓と伝えられている後年建立の供養塔が、安房岡本城下原岡の臨済禅宗・興善寺《こうぜんじ》（南房総市）や、館山城下の上真倉《かみさなぐら》の曹洞禅宗・泉慶寺《せんけいじ》（館山市）に伝えられている。

「新城之御所」とは

足利頼淳が居住したという新城之御所については、その存在の根拠が明確ではないが、はたして小田喜のどの辺りにあったのであろうか。

戦国期、正木氏の居城・小田喜城は、近世の大多喜城《おおたき》（現天守閣の丘陵）の地とその北側の栗山丘陵を併せて城域としていたとみられ、東西九五〇メートル×南北三五〇メートルの規模を有したという。[17]この小田喜城の北方一・五キロメートルほどのところに、大多喜根古屋城跡（古大多喜城跡。舞鶴城ともいう。大多喜町泉水字岡部台）があり、かつては当城跡が戦国時代の小田喜城とされてきたが、新たに栗山丘陵で戦国期の城郭遺構が確認されたことにより、これは否定された。

岡部台の城跡は、今、住宅地となっているが、以前は独立丘陵をなして、内外二郭の遺構があったという。[18]当地周辺には、手後丸《てごまる》・殿台《とのだい》・堂堀《どうぼり》・城前《じょうまえ》・鍛冶町・新坂・正元谷《しょうげんやつ》・内堀・堂谷・番匠町・下屋敷などの字地名が残っている。足利頼淳が拠った小田喜の新城之御所とは、小田喜城の内にあったものか、それともこの岡部台の根古屋城の地であったか。あるいはまた、根古屋城跡の北、横山村（大多喜町横山）にあった三明寺（現廃寺）の地「御所」であろうか。『上総国誌』（巻之五）によれば、「横山村有称三明寺〈真

夷隅川越しに見る大多喜城復興天守　戦国期には小田喜城と称されており、足利頼淳が居住したという「新城之御所」の候補地でもある　千葉県夷隅市

No	年月日	文書題名	内容
①	元亀5年 正月4日	逸見源三郎宛 足利頼淳一字書出	「義」の字を与える
②	（年未詳） 12月10日	逸見右馬助宛 足利頼淳官途状	官途の使用許可
③	（年未詳） 正月10日	逸見式部少輔宛 足利頼淳官途状	官途の使用許可
④	（年未詳） 2月9日	岡本氏元宛 足利頼淳官途状	官途の使用許可
⑤	天正9年 10月9日	岡本氏元宛 足利頼淳書状	里見義頼への取りなしのお礼
⑥	天正9年 11月27日	太田道誉宛 足利頼淳書状	天正の内訌・関東の政治情勢など
⑦	天正9年 11月27日	太田道誉宛佐野為綱 ・小曽根胤盛連署副状	天正の内訌・関東の政治情勢など

表5　足利国朝発給文書一覧（史料22）

言宗〉小刹、寺後有長松二株、其間存小碑石、太帯古色、銘曰、三明寺殿一品親王墓、其東有鶴姫墓、号宝珠院殿、里人伝謂、寺称御所」と伝えている。また、「三明寺殿一品親王及鶴姫者、古伝無所見」とある。

いずれも確かな徴証がなく、今のところ新城之御所の所在については特定できない。

頼淳近臣と正木憲時の滅亡

小田喜の御所において足利頼淳に仕えていた近臣には、小弓落城以来、付き従ってきた逸見氏・佐野氏・佐々木氏および小曽禰《こそね》氏らがいた。表5の足利頼淳発給文書に、その名がみられる[19]。

表5の①の文書は、頼淳が逸見源三郎に対して、源氏の通字「義」の一字を実名《じつみょう》に与えた一字書出《いちじかきだし》（一字状）であり、また②③④は、逸見右馬助・逸見式部少輔・岡本兵部少輔（氏元）への官途状（写）である。

⑤の文書は、天正九年（一五八一）九月二十九日、小田喜城主・正木大膳亮憲時《のりとき》が、家臣佐々木氏の手によって殺害され、里見義頼《よしより》が即刻小田喜御打入りという事態となり、里見氏家臣の岡本兵部少輔（氏元《うじもと》）が小田喜に居住の頼淳の身について、義頼へ条々取り成しを行なったこと、また重代の御剱を持参したことに対する足利頼淳の礼状である。

次いで、⑥⑦の文書は、同年十一月二十七日付で常陸の太田美濃守（資正《すけまさ》・道誉《どうよ》）に対して、逆意を企てた正木憲時が退治され、里見義頼が安房・上総を静謐したことを伝えた頼淳書状、並びに頼淳近臣の佐野大炊頭《おおいのかみ》（為綱《ためつな》）・小曾禰右馬允（胤盛《たねもり》）が、頼淳の直状に添えて出した連署副状であり、去る年（天正八年）以来の里見義頼と正木憲時との「上下鉾楯」につき、今度「忠信之仁」によって憲時が滅亡し、「当城小田喜之地被属本意候」となったことを報じている。これによって、足利頼淳およびその近臣らは、正木憲時が滅亡した天正九年九月には、なお小田喜の地に在ったことがわかる。

小田喜城内で憲時を殺害したという「忠信之仁」については、「里見家の計策を以て」これを実行した正木家臣の「佐々木久山〈休三〉」なる人物が伝えられている。[20] この佐々木氏は、小弓落城後、足利国王丸（頼淳）に付き随った佐々木源四郎の一族・子孫であろうか。憲時に出仕していたのかもしれない。

三、安房石堂寺から下野喜連川へ

頼淳父子の安房移居

足利頼淳《よりずみ》には、長子「乙若丸《おとわか》」（国朝《くにとも》）、次子「龍王丸」（頼氏《よりうじ》）および女子三人の併せて五人の子女がみえる。(21)嫡子の乙若丸は元亀三年（一五七二）に、また弟の龍王丸は天正八年（一五八〇）に、それぞれ小田喜の地で生まれており、母はともに「佐野大炊介政綱《まさつな》女」であったという。

天正九年（一五八一）九月に小田喜城主・正木憲時が滅亡した後、足利頼淳・乙若丸・龍王丸父子らは、安房国岡本城（千葉県南房総市）の里見義頼に属して、まもなくして同国丸郡内の石堂寺《いしどうじ》（同市石堂）へ移居した。

安房中部の丸山川流域の丘陵に位置する天台宗の古刹《こさつ》・長安山石堂寺（本尊十一面観音菩薩）には、今日、足利頼淳の子頼氏（龍王丸）に関する文書・記録等が残されている。これらの史料は若干検討を要するが、『房総衆説義徳随筆録・全』(22)にも、「一、丸之石堂寺ニ頼氏之書翰有之由」とある。この中で、年未詳卯月中三日（四月十三日）付の石堂寺住持某書状には、「喜連川左馬頭《きつれがわさまのかみ》頼氏様、御幼年之砌《みぎり》、拙寺《せつじ》御在居被成《なされ》候由ニ付、御位牌《いはい》・御木像、客殿ニ安置有之《これあり》、且《かつ》御奉納之宝剱、御附《おつき》之方々之御状等も有之」と記され、頼氏が幼年期に、お付きの方々（近臣ら）とともに当寺に居住していたことを伝えている。[23]

下野喜連川家の成立

天正十八年（一五九〇）七月、小田原北条氏が豊臣秀吉に降伏し、翌八月には古河城が秀吉の命を受けた家臣増田長盛《ましたながもり》によって破却された。このあと秀吉は、故古河公方足利義氏（天正十年閏十二月二十日死去）の遺子「姫君様」（氏姫《うじひめ》）と、故小弓公方足利義明の孫・国朝（頼淳の長子）との婚姻により、関東足利氏の末裔として新たに下野喜連川家を成立させた。

石塔寺多宝塔　千葉県南房総市

これによって、当時十九歳になっていた足利国朝は、父頼淳とともに安房石堂寺から下野国塩谷郡（栃木県さくら市喜連川）の喜連川家三五〇〇石へ移ったのである。天正十八年八月二十二日の増田長盛宛ての山中長俊《やまなかながとし》書状に、「一、喜連川之儀、大弓御所〈足利頼淳〉へ御引渡候哉、国朝様ハ古河にて御礼申させ候、直ニ其地へ可有御出由候つる、其分候哉」とあり、頼淳・国朝父子が下野国喜連川へ向かったことがわかる。[24]

なお、次に参考までに喜連川国朝の発給・受給文書を表6に掲げておこう。[25]

No	年月日	文書題名	内容
①	天正 18 年 10 月 10 日	岡本元悦宛 足利国朝書状	氏元（横死か）のお悔やみ、古河に立ち寄る
②	天正 18 年 11 月 15 日	岡本元悦宛 足利国朝書状	上洛する意志を伝える
③	文禄元年 8 月 6 日	里見義康宛 足利国朝書状	朝鮮出兵の参陣の慰労
④	（年未詳） 3 月 21 日	逸見源太郎宛 足利国朝書状	名字・家督のことを許可
⑤	文禄元年 8 月 24 日	足利国朝宛 豊臣秀吉書状	朝鮮出兵の陣への見舞いのお礼

表6　足利国朝発給文書一覧（史料 23）

表6の①②文書は、里見義康の家臣・岡本但馬守（実元《さねもと》・但馬入道元悦か）へ宛てた書状（写）であり、また③は豊臣秀吉の朝鮮出兵（文禄の役）に際して、九州肥前の名護屋《なごや》城（佐賀県唐津市）に在陣中であった里見義康《よしやす》の「陣中之辛労」をねぎらった書状である。④文書の逸見源太郎は、頼淳・国朝の近臣逸見氏の一族で、逸見源三郎とは兄弟であろうか。⑤は文禄の役において国朝に来春（文禄二年〈一五九三〉春）までに出陣するように命じたものであろう。

文禄二年が明けると、国朝は九州肥前へ向けて出陣したが、その途中、安芸国で病に罹り、二月一日に急死した。享年二十二であった。『喜連川判鑑』は、国朝の死について「文禄二、関白秀吉高麗征伐ノ時上洛、鎮西ニ赴ク、路次芸州ニテ病ニ罹リテ、二月朔日逝去、号法常院殿球山良公〈大禅定門〉」と記している。

足利頼氏の喜連川家継承

国朝の死後、下野喜連川家は国朝の弟で当時安房国の石堂寺にいた頼氏（龍王丸）が、兄嫁であった氏姫を娶って家督を相続することになった。これは「関白秀吉ノ命ナリ」という。次の石堂寺御隠居宛ての里見氏（女人／御台所・室）印判状に、頼氏の喜連川への移居のことが記されている（史料24―①）[26]。

この史料の「御ちこさま」とは、足利頼氏（龍王丸）のことであり、この年に十四歳にならんとしていたから、あるいはこの喜連川家相続を機に元服したのかもしれない。

そして、下野喜連川における頼氏・頼淳の近臣には、佐野大炊頭為綱のほか逸見氏・佐々木氏らがいたとみられる。『石堂寺所蔵文書』の年未詳八月七日付光竹書状、および正月九日付富田権右衛門茂仲《しげなか》書状のなかには、次のような記述がみえる（史料24―②）。

一、先筆故、当地に引き移りし由来は、頼氏様が戦国時代に安房国朝夷郡丸庄石堂村の石堂寺にいたとき、信仰していたご守護・ご本尊の観音にて、佐々木家頼高《よりたか》が当地にお供して移りし折に、持たせなされて安置あそばされました。

一、喜連川家の五代前の当主、頼氏様が下野国喜連川にお移りなされた。このとき我らの祖父とその妹二人、祖父の叔父観明院の計四人を連れていかれた。そうしたところ、観明院が病死した。

一、祖父は、富田九右衛門と申す。我らの親の又左衛門は、本名は佐々木にございます。

一、御所（小弓公方義明）の旧臣たち、安房・上総・下総に隠れ住み続けています。それゆえ、本名のことも、世上に知らせないように心がけていると思われます。

これらによれば、佐々木氏の一族が、頼氏とともに石堂寺に隠れ、やがて文禄二年に石堂寺から喜連川へ付き随ったことなどを伝えている。その後、関ヶ原合戦の翌年、慶長六年（一六〇一）五月十四日（また四日とも）に、足利頼淳が喜連川の地で没した。享年六十七。法号・龍光院殿全山機公大禅定門。また、その子喜連川頼氏は、寛永七年（一六三〇）六月十三日に五十一歳で死去している。法号・大樹院殿涼山蔭公大禅定門。このあと嫡孫尊信《たかのぶ》が喜連川藩を継いだ(27)。

なお、天正末・文禄から慶長期にかけての足利頼淳および喜連川足利頼氏に関する文書は、『戦国遺文　古河公方編』（東京堂出版）および『千葉県の歴史　資料編中世4』などに収載されている。

【註】
（1）『快元僧都記』
（2）里見叢書六『房総衆説義徳随筆録・全』〈国立国会図書館所蔵〉
（3）『小弓御所様御討死軍物語』
（4）同右
（5）国立公文書館〈内閣文庫〉所蔵本『千学集抜粋』
（6）『小弓御所様御討死軍物語』
（7）千葉県の歴史資料編中世4『伊東文書』『古文書〈記録御用所本〉』／戦国遺文古河公方編『東京大学史

料編纂所所蔵伊東文書』『記録御用所本古文書十二』
(8) 千葉県の歴史資料編中世3 『千葉神社文書』
(9) 千葉県史料中世篇諸家文書補遺 『弘法寺文書』
(10) 千葉県の歴史資料編中世4・小田原市史史料編中世Ⅱ 『庄司喜與太氏所蔵文書〈伊佐早文書〉』
(11) 『里見九代記』『正木家譜』
(12) 里見叢書六 『房総衆説義徳随筆録・全』
(13) 『里見九代記』『正木家譜』『里見代々記』『北条記〈小田原記〉』『関八州古戦録』『新編相模国風土記稿』『古河公方系図』『足利家通系図』『系図纂要』／『東慶寺文書』等
(14) 『東慶寺文書』
(15) 『下野喜連川足利家譜』『足利家通系図』
(16) 『紀州高野山妙音院江書通留・全』『延命寺位牌写』
(17) 千葉県の歴史資料編中世1〈考古資料〉／千葉県所在中近世城館跡詳細分布調査報告書Ⅱ〈旧上総・安房国地域〉
(18) 『夷隅郡誌』『稿本千葉県誌』
(19) 千葉県の歴史資料編中世4 『逸見文書』『武州文書』『潮田文書』
(20) 『正木家譜』『管窺武鑑』
(21) 古河市史資料中世編 『足利家通系図』『下野喜連川足利家譜』／『古河公方系図』
(22) 里見叢書六／国立国会図書館所蔵
(23) 『石堂寺所蔵文書』

（24）千葉県の歴史資料編中世４『喜連川文書』
（25）同右／戦国遺文古河公方編『武州文書〈埼玉県大桑村名主文左衛門所蔵〉』『喜連川文書〈喜連川家文書案四・喜連川文書三〉』『逸見文書〈国立国会図書館所蔵〉』
（26）千葉県史料中世篇諸家文書『石堂寺文書』
（27）古河市史資料中世編『足利家通系図』『下野喜連川足利家譜』／『古河公方系図』『喜連川判鑑』

【参考文献一覧】※発行年順

佐藤博信『中世東国の支配構造』（思文閣出版、一九八九年）

同　『古河公方足利氏の研究』（校倉書房、一九八九年）

同　「小弓公方足利氏の成立と展開―特に房総諸領主との関係を中心に―」（『歴史学研究』第六三五号、一九九二年）

同　『続中世東国の支配構造』（思文閣出版、一九九六年）

『千葉県所在中近世城館跡詳細分布調査報告書Ⅰ―旧下総国地域―』（千葉県教育委員会、一九九五年）

『千葉県所在中近世城館跡詳細分布調査報告書Ⅱ―旧上総・安房国地域―』（千葉県教育委員会、一九九六年）

『千葉県の歴史』資料編中世１考古資料（千葉県史料研究財団／千葉県、一九九八年）

千野原靖方『国府台合戦を点検する』（崙書房出版、一九九九年）

同　『東葛の中世城郭―千葉県北西部の城・館・砦跡―』（崙書房出版、二〇〇四年）

同　『常総内海の中世―地域権力と水運の展開―』（崙書房出版、二〇〇七年）

『千葉県の歴史』通史編中世（千葉県史料研究財団／千葉県、二〇〇七年）

千野原靖方『戦国房総人名辞典』（崙書房出版、二〇〇九年）

同　『手賀沼をめぐる中世①―城と水運―』（たけしま出版、二〇一三年）

同　『出典明記　中世房総史年表』（岩田書院、二〇一七年）

同　『下総原氏・高城氏の歴史―その系譜関係と支配構造―』（上巻原氏／下巻高城氏）（たけしま出版、二〇一七・二〇二一年）

史料編

1―①

為年甫之祝詞、御茶進上、目出度候、謹言、

正月十二日　　愛松王

宮内卿公御房

【読み下し】

年甫《ねんぽ》の祝詞として、御茶進上、目出度く候、謹言、

1―②

為年甫之祝詞、茶百袋到来候、千秋万歳目出候、恐々謹言、

正月十二日　　愛松王

年行事
龍福院

【読み下し】

年甫の祝詞として、茶百袋到来し候、千秋万歳、目出候、恐々謹言、

1―③

為改年之祝詞、茶到来、目出候、恐々謹言、

正月十二日　　　　愛松王

治部卿律師御房

1―④

榧以下到来、喜入候、恐々謹言、

五月八日　　　　愛松王

千手院

【読み下し】

榧以下到来す、喜び入り候、恐々謹言、

1―⑤

御榧以下進上候、喜入候、恐々謹言、

五月十四日　　　　愛松王

年行事
延命院

1―⑥

（端裏）「（切封墨引）」

御榧以下到来、悦入候、謹言、

五月十四日　愛松王

金剛乗院

1―⑦

寺務代事、如実済之時、当千手院良済被仰付候、諸篇懇候者、旁以可然候、恐々謹言、

六月五日　愛松王

龍福院

【読み下し】

寺務代の事、実済の時の如く、当千手院良済に仰せ付けられ候、諸篇《しょへん》（万事・いろいろと）懇《ねんご》ろに候はば、旁《かたがた》以て然るべく候、恐々謹言、

1―⑧

（封紙ウハ書）「謹上　龍福院　正覚院
進之候

権大僧都弘勝」

寺務代事、当千手院良済被仰付候、然者、懇候者、可為御悦喜之由、被成　御書候、自私も能々可申遣之由、御掟候、恐々謹言、

六月五日　　権大僧都弘勝（花押）

謹上　龍福院進せ候

【読み下し】

寺務代の事、当千手院良済に仰せ付けられ候、然らば、懇ろに候はば、御悦喜の由たるべし、御書を成され候、私よりも能く〳〵申し遣はすべきの由、御掟に候、恐々謹言、

1—⑨

極以下到来、悦入候、恐々謹言、

六月十一日　　愛松王

年行事
龍福院

1—⑩

（封紙ウハ書）
「謹上　龍福院御報　　法眼定基」
牧

御極御進上候、則令披露候、仍被成　御書候、私へ送給候、能々賞翫可申候、次長次郎事承候、定其身即令許愁不可申候哉、宰相殿へ従志実一礼なと候者、見申可致思案候、但勝徳寺へ断被仰出候間、容易如何之由存候、恐々敬白、

六月十一日　　法眼定基（花押）

謹上　龍福院　御報

【読み下し】

御極を御進上候、則ち披露せしめ候、仍って御書を成され候、私へ送り給わり候、能《よ》く〳〵賞翫申すべく候、次に、長次郎の事、承り候、定めて其の身、即ち許愁せしめ申すべからず候や、宰相殿へ志実に従いて一礼など候はば、見申し思案を致すべき候、但し勝徳寺へ断り仰せ出され候の間、容易《たやすく》如何の由存じ候、恐々敬白、

1―⑪

清住罷越之間、被仰越候、被立小庭候、不苦候者、院家中へ石事有御所望候、此段被届候者、喜入候、恐々謹言、

六月十四日　　愛松王

千手院

【読み下し】
清住罷り越すの間、仰せ越され候、小庭を立てられ候、苦しからず候はば、院家中へ石の事、御所望あり候、此の段、届けられ候はば、喜び入り候、恐々謹言、

1—⑫
（封紙ウハ書）「謹上　千手院」　（正覚院）法印弘勝」
御前可被立御坪候、従各石進上候者、可為御悦喜之由、被仰出候、具心月軒可被申届候間、令省略候、恐々謹言、
（六月）極熱十四日　法印弘勝（花押）
謹上　千手院

【読み下し】
御前に御坪を立てられ候、各《おのおの》より石進上候はば、御悦喜たるべきの由、仰せ出され候、具《つぶ》さに心月軒が申し届けられべく候間、省略せしめ候、恐々謹言、

1—⑬
（端裏）「（切封墨引）」

藤沢入道罷越候、懇切示（指）南候者、可為御悦喜候、恐々謹言、

桂月（八月）廿日　　愛松王

千手院

【読み下し】

藤沢入道、罷《まか》り越し候、懇ろに指南候はば、御悦喜たるべく候、恐々謹言、

1―⑭

（封紙ウハ書）
「謹上　千手院

御同宿中

法眼定（牧）基」

藤沢入道依不弁、其方へ被罷越候事候、御懇候者、上様可為御悦喜候、仍被成御書候、子細者自正覚院可被申候、恐々敬白、

八月廿日　　法眼定基（花押）

謹上　千手院
御同宿中

【読み下し】

藤沢入道、不弁《ふべん》に依り、其の方へ罷り越され候の事に候、御懇ろ候はば、上様（愛松王）御悦喜たる

べく候、仍って御書を成され候、子細は正覚院（弘勝）より申されべく候、恐々敬白、

1―⑮
為歳暮之御祈禱、巻数給候、目出度候、恐々謹言、

十二月廿三日　　愛松王

龍福院

1―⑯
「（封紙ウハ書）謹上　龍福院 御報　　正覚院 法印弘勝」

巻数御進上候、則令披露候之処、目出御悦喜之由、被成　御書候、同古河へ吹挙事、蒙仰候、存其旨候、定従　古河様（足利政氏）も可被成　御書候歟、恐々謹言、

十二月廿三日　　法印弘勝（花押）

謹上　龍福院 年行事

【読み下し】
巻数《かんず》御進上候、則ち披露せしめ候の処、目出御悦喜の由、御書を成され候、同じく古河へ吹挙《すいきょ》の事、

仰せ蒙むり候、其の旨存じ候、定めて古河様よりも御書を成され候か、恐々謹言、

1―⑰

為歳暮之御祈禱、巻数進上候、目出度候、謹言、

十二月廿四日　　愛松王

鏤阿寺

1―⑱

（封紙ウハ書）
「謹上　千手院 御同宿中　　大法師弘教（花押）」

歳暮之御巻数御進上候、院主（正覚院主）事者、御陣へ被致参上候間、令披露候、即被成　御書候、

自私能々心得可申遣之由、御掟候、恐々謹言、

十二月廿四日　　大法師弘教（花押）

謹上　千手院殿 御同宿中

【読み下し】

歳暮の御巻数、御進上候、院主の事は、御陣へ参上致され候間、披露せしめ候、即ち御書を成され候、

私より能《よ》く〳〵心得申し遣はすべきの由、御掟に候、恐々謹言、

2—①
「(封紙ウハ書)六字院　　　　　　　空然」
「(端裏)(切封墨引)」
榧以下済々到来候、喜入候、恐々謹言、
(四月)卯月廿二日　　空然（花押）
年行事
六字院

2—②
「(封紙ウハ書)謹上　六字院
御同宿中　　　　　法眼定基〔牧〕」
御榧其外御進上候、仍被成　御書候、次私江御榼送給候、於此方者珍物候間、弥賞翫無申計候、委細重而可申述候、恐々敬白、
卯月廿二日　　　法眼定延（花押）
謹上　六字院
御同宿中

【読み下し】
御榧其の外、御進上候、仍って御書を成され候、次に、私へ御榼を送り給はり候、此方《こなた》に於いては、

珍物に候間、弥《いよいよ》賞翫申す計りになく候、委細重ねて申し述ぶべく候、恐々敬白、

2—③

岩井堂日金事、如来僧正（別当尊運）任証文、成敗不可有相違候、恐々謹言、

五月九日　　空然判

（賢助カ）
等覚院

【読み下し】

岩井堂日金の事、如来僧正（別当尊運）の証文に任せて、成敗相違有るべからず候、恐々謹言、

2—④

棰以下到来、悦入候、恐々謹言、

五月十八日　　空然（花押）

治部卿律師御房

2—⑤

（端裏）
「（切封墨引）」

就湯治帰座、懇言上、怡入候、棰以下到来、目出度候、恐々謹言、

六月四日　　　　空然（花押）

刑部卿律師御房

【読み下し】

湯治帰座に就き、懇に言上、怡《よろこ》び入り候、棰以下到来し、目出度く候、恐々謹言、

2—⑥

御棰以下御進上候、則令披露候之処、御悦喜之由、被成　御書候、仍私へ御酒・麵子送給候、忝奉存候、万端期来信之時候、恐々謹言、

六月四日　　　　権律師尊教（花押）

謹上　年行事　安養院　御報

【読み下し】

御棰以下、御進上候、則ち披露せしめ候の処、御悦喜の由、御書を成され候、仍って私へ御酒・麵子を送り給はり候、忝《かたじけな》く存じ奉り候、万端来信《らいしん》（次回の音信）の時を期し候、恐々謹言、

2―⑦
(端裏)「(切封墨引)」
今時分横合大切候、為警固可被立遣人数候、委正覚院(尊教カ)可被申候、謹言、
六月十六日　　空然（花押）
小山下野守(成長)殿

【読み下し】
今の時分、横合大切候、警固のため人数を立て遣はされべく候、委しく正覚院(尊教カ)申されべく候、謹言、

2―⑧
(封紙ウハ書)「六字院　　空然」
(端裏)「(切封墨引)」
御蝋燭進上、御悦喜候、恐々謹言、
九月三日　　(空然)（花押）
六字院

2—⑨

（封紙ウハ書）「年行事
六字院　　　　空然」

（端裏）「（切封墨引）」

歳暮之巻数到来、目出悦入候、恐々謹言、

十二月廿三日　　空然（花押）

年行事
六字院

2—⑩

為歳暮之御祈禱、巻数到来、悦入候、恐々謹言、

十二月廿四日　　空然（花押）

二位律師御房

3—①

（封紙ウハ書）「小山下野守殿　　　　宗斎」

（端裏）「（切封墨引）」

雖内々、出陣目出思召候由、可被仰遣候、定而万端可為取乱候間、御遅延之処、遮而言上候、喜入候、懇切被申候事、簡要候、巨細逸見可申遣候、謹言、

卯月（四月）五日　　宗斎（花押）

小山下野守殿

【読み下し】

内々と雖も、出陣を目出思し召し候由、仰せ遣はされべく候、定めて万端取り乱れたるべく候の間、御遅延の処、遮《さえぎ》って（わざわざ）言上候、喜び入り候、懇切に申され候の事、簡要に候、巨細《こさい》（委しく・委細）逸見申し遣はすべく候、謹言、

3―②

一、惣代七社の宮、八人の宮人《みやびと》、四人の八乙女《やおとめ》参りて、屋形様（千葉氏当主）国中の祈願申さるゝ也、むかしハ妙見宮にては、三上乱《みかみのらん》の時より妙見宮にて御祈願申さるゝ也、三上但馬守、

一、一条院薄墨（薄墨紙《うすずみがみ》／宿紙《しゅくし》）の御証文は、範覚《はんがく》（第十二代北斗山金剛授寺《ほくとさんこんごうじゅじ》住持・妙見座首《ざす》）の世に井の鼻（亥鼻・猪鼻）を持れし時、永正十三年丙子《ひのえね》八月廿三日、三上但馬守二千余騎にて押寄て打落す、此時薄墨の御証文は宝器ともみな失にける、

（同前出）

一、下総国北斗山金剛授寺ハ、一条院勅願所《ちょくがんしょ》、本尊妙見大菩薩《みょうけんだいぼさつ》、大僧正覚算和尚《だいそうじょうかくさん》開基、長保《ちょうほう》二年庚子《かのえね》九月十三日也、下総権介平忠常《ごんのすけたいらのただつね》御建立、薄墨の御証文あり、権大僧都・権少僧都・権律《りっ》師《し》・阿闍梨《あじゃり》の官までなられし

3―③

制札

右、当手軍勢甲乙人等、乱妨狼籍（藉）事、堅令停止畢、若有違犯之族者、可処重科者也、仍如件、

永正十三年（一五一六）丙子十一月　（伊勢宗瑞）（花押）

【読み下し】

右、当手軍勢（宗瑞の軍兵）・甲乙人《こうおつにん》（不特定多数の一般人のこと）等、乱妨狼藉の事、堅く停止《ちょうじ》せしめ畢《おわ》んぬ、若し違犯《いぼん》の族《やから》あらば、重科に処すべきもの也、仍って件《くだん》の如し、

3―④

小弓上様義明、古河公方高基様御連枝也、先年御父政氏様御勘当アリ、奥州エ御下向有之、其後、上総国住人武田真里谷三河守入道（卜）、同小弓城主原二郎及鉾楯、毎度小弓打勝畢、因茲《ここにより》武田自力不叶、自奥州義明奉招請、為大将、小弓城攻落、原二郎并家郎高城越前守父子滅亡（永正十四年十月十五日）、同下野守逐電（同十三日三上城没落）、義

明様小弓城ニ御移リ、房州里見・常陸鹿嶋・武州ノ小府ノ佐々木以下悉奉隨之、御家風掩《おおう》東国、近年小弓上様ト奉称、云々、

3—⑤

対佐竹徳寿□〈丸〉（義篤）□□之条、可然之段、被成□□□〈御書候〉処、尤可存其旨之由被申候、喜入候、於向後□□不可有疎儀候、以前如被成御書候、依思召関▭安全、被遂先代未聞之御衣躰、関宿□□御座御悃望之処、世上如此成来候、不被及御▭、義明逐日懇候間、従□〈此〉方も諸事被御□□□、然者、無二高柳へ忠□〈節〉専一候、少も思慮不可□□曲候、尚々可被存其旨□、従高柳も定而可□申遣候、近日物遠之□不可然候、巨細正哲可申送候、謹言、

閏十月廿八日〈永正十四年〉　道長〈政氏〉（花押）

□〈曰〉田太郎殿

【読み下し】

佐竹徳寿丸（義篤）に対し□□（申上か）の条、然るべくの段、御書を成され候、尤も其の旨存ずべくの由申され候、喜び入り候、向後《きょうこう》に於いては、□□疎儀（疎略の儀）有るべからず候、以前の如く御書を成され候、思し召しに依り関▭安全、先代未聞の御衣躰（衣鉢《えはつ》か／継承・後継の意か）を遂げられ、関宿□□御座御悃望《こんもう》（懇望／切望すること）の処、世上此《かく》の如く成り来候、御▭に及ばれず、

義明逐日《ちくじつ》（日を追って）懇《ねんご》ろ候の間、此方よりも諸事、御□□□せられ、然れば、無二高柳へ忠節、専一に候、少も思慮に曲《くせ》〔有る〕べからず候、尚々其の旨存ぜられべく候、高柳よりも定めて申し遣はされべく候、近日物遠《ものとお》（無沙汰・疎遠）の□、然るべからず候、巨細《こさい》正哲申し送るべく候、謹言、

4

就　雪下殿様総州御進発、為御祈禱被成　御書候、然者、自当方寺家江此分可申由候間、令申候、能々御精誠目出度候、恐々謹言、

七月十一日　　　不動寿丸

謹上　普賢院

【読み下し】

雪下殿様総州へ御進発に就き、御祈禱のため御書を成され候、然れば、当方より寺家へ此の分申すべきの由に候間、申しせしめ候、能《よ》く〱御精誠《せいせい》目出度く候、恐々謹言、

5—①

「小山小四郎殿　　　高基《（足利）》」
「（切封墨引）」《（端裏）》

就総州動座、政朝所へ以使節被仰出候、然者、此度其方参陣可為忠信候、猶々可被存其旨候、巨細二階堂肥前守可令対談候、謹言、

（永正十六年カ）
九月十六日　高基（花押）

結城六郎殿

【読み下し】

総州動座に就き、政朝（結城）所へ使節を以て仰せ出だされ候、然らば、此の度其の方参陣し忠信たるべく候、猶々其の旨存ぜられべく候、巨細二階堂肥前守対談せしむべく候、謹言、

5―②

今度令参陣、抽粉骨走廻、神妙候、為御感改御書被下之候、謹言、

永正十六年

八月廿三日　高基判

菅谷摂津守殿

【読み下し】

今度、参陣せしめ、粉骨抽《ぬき》んずる走廻《はしりまい》、神妙に候、御感じ為し改めて御書札下され候、謹言、

5―③

為氏（政カ）治代官馳参、抽粉骨走廻候条、神妙之至ニ候、於向後別而可有御懇切候也、被下御自筆（候脱カ）、謹言、

永正十三〈六カ〉年

八月廿四日　　高基判

菅谷摂津守殿

【読み下し】

政治《まさはる》（小田）の代官として馳せ参じ、粉骨抽んじて走り廻り候の条、神妙の至りニ候、向後に於いては別して御懇切有るべく候なり、御自筆下され候、謹言、

5―④

今度椎津被立御馬之砌、抽粉骨被走廻之条、感悦候、巨細園田信濃守ニ被仰含候、恐々不宣、

（永正十六年）
八月廿六日　　高基御判

建請首座

【読み下し】

今度椎津に御馬立てられるの砌《みぎり》、粉骨抽んじて走り廻らるゝの条、感悦に候、巨細園田信濃守ニ仰

せ含められ候、恐々不宣《ふせん》、

5―⑤

去十九日於椎津要害、抽粉骨走廻之条、神妙也、弥可励戦功之条如件、

永正十六年九月三日　（高基）（花押）

渡辺新兵衛尉とのへ

（本文書、検討を要すという）

5―⑥

去十九日於椎津要害、抽粉骨走廻之条、神妙至候、弥可励戦功候也、

（永正十六年）九月十日　（高基）（花押）

羽生上総介殿

【読み下し】

去る十九日、椎津要害に於いて、粉骨抽んずる走廻の条、神妙の至りに候、弥《いよいよ》戦功を励むべき候なり、

6―①

敵城近辺田井・横山・小沢要害・根小屋以下悉被打散、其地至于蕨帰陣之由聞候、目出度簡要候、然者、此度関宿江動被成之度候、被走廻候者、弥以可為戦功候、為其東悦被遣候、恐々謹言、

（永正十七年ヵ）
六月十八日　道哲

（義通）
里見上野入道殿

【読み下し】

敵城近辺の田井・横山・小沢要害・根小屋以下、悉く打ち散し、其の地蕨《わらび》に至り帰陣の由、聞え候、目出度く簡要に候、然らば、此の度関宿へ動《はたら》（働）き成され度く候、走り廻られ候はば、弥《いよいよ》以て戦功たるべく候、其のため東悦を遣わされ候、恐々謹言、

6―②

義明則小弓ノ城ヘ移ラセ玉フ、依之《これより》、小弓ノ御所ト申トカヤ、其後、原ガ家子高城越前守父子ヲ討取リ、同下野守ヲ追落テ、両国中残ル所ナクナビキケレバ、終ニ原ノ二郎ヲモ討玉フ、近国ノ兵ドモ吾モ吾モト群来《むれき》テ付随、義明血気不双ノ人ナリケレバ、味方ノ大勢ニ侈《おご》リ、頓《やが》テ八ケ国ヲ討取、古河ノ公方ヲ配流シ奉リテ、鎌倉ニ御所ヲ立、関東ノ公方ニナルベキ事、案ノ内ニアリト思ヒ企ケレドモ、早ヤ已《すで》ニ色ニアラハレテ、ホノメカレケレバ、付随フ血気ノ若モノドモ、皆可然《しかるべし》トゾス、メケル、

6—③
就不思議子細、令帰座候之処、昌胤并海上・原其外令供奉候、誠感悦候、臼井不忠先代未聞候、依之、被仰出子細候、可被存其旨候、謹言、
十一月廿七日　　高基（花押）
千葉介（勝胤）殿

【読み下し】
不思議（思いがけないこと）の子細に就き、帰座せしめ候の処、昌胤（千葉勝胤の子）並びに海上・原其の外《ほか》、供奉《ぐぶ》せしめ候、誠に感悦に候、臼井不忠、先代（前代）未聞に候、これに依り、子細仰せ出され候、其の旨存ぜられべく候、謹言、

7—①
屋代要害土岐原責（攻）落引除候所へ、政治馳合遂一戦候、因之為合力麻生淡路守即時打越候様躰事、樫々共未聞候、此度各令調談、北郡へ物深相動可然候、巨細町野淡路守可申遣候、謹言、
（大永三年）閏三月九日　　（基頼）（花押）
真壁右衛門佐（定幹）殿

【読み下し】

屋代《やしろ》要害を土岐原《ときはら》攻め落とし、引き除《の》（退）く所へ、政治（小田）馳せ合い一戦を遂げ候、これに因りて合力として麻生淡路守、即時に打ち越し候の様体の事、慥々《しかじか》（確かに・しっかりと）共、未《いま》だに聞かず候、此の度各《おのおの》調談せしめ、北郡（常陸）へ物深《ものふか》く（奥深く）相動《はたら》き（軍事行動・攻撃）然るべく候、巨細町野淡路守申し遣はすべく候、謹言、

7―②

「（封紙ウハ書）行方土佐守殿　（足利）基頼」

「（端裏）（切封墨引）」

自古河御申之間、近日御帰座候、此口永々被立御馬候之処、切々御注進共、懇走廻之条、感思召候、巨細海老名民部少輔被仰含候、謹言、

五月廿三日　（基頼）（花押）

行方土佐守殿

【読み下し】

古河より御申すの間、近日御帰座候、此の口永々と御馬立てられ候の処、切々御注進共、懇ろに走《はし》り廻《まい》の条、感じ思し召し候、巨細海老名民部少輔《みんぶのしょう》仰せ含められ候、謹言、

7—③
(端裏)「(切封墨引)」
連々存忠信之由、被聞召覃候、感思食候、殊此口へ令動座上、別而可走廻候、巨細町野淡路守可申遣候也、

七月三日　(基頼)(花押)

烟田平三とのへ

【読み下し】
連々《れんれん》(引続き)忠信に存ずるの由、聞こし召され覃《およ》びに候、感じ思し食《め》し候、殊《こと》に此の口へ動座せしむる上、別して走り廻るべく候、巨細町野淡路守申し遣はすべく候なり、

7—④
(端裏)「(切封墨引)」
懇言上、喜入候、仍而昨日竹原要害落居、特城主長岡父子討捕候、定而目出可存候、此剋其口之揺専一候、巨細町野淡路守可申遣候、謹言、

七月三日　(基頼)(花押)

真壁右衛門佐殿

【読み下し】

懇ろに言上、喜び入り候、仍って昨日竹原要害落居《らっきょ》（落城・落着）、特に城主長岡父子を討ち捕《と》り候、定めて目出存ずべく候、此の剋《きざみ》（刻み／時・折・場合のこと）、其の口の揺《ゆるぎ》専一に候、巨細町野淡路守申し遣《や》るべく候、謹言

7—⑤

（封紙ウハ書）「真壁右衛門佐殿　（足利）基頼」

（端裏）「（切封墨引）」

先度懇言上、御悦喜候、其口へ政治相動候処、家人等励戦功敵討捕候由、大掾方へ申越候、誠心地好思召候、仍而明日至于玉造可被進御陣候、今日当城へ政治可相動候、然者、多賀谷・水谷相談後詰之動、簡要候、巨細町野淡路守可申遣候、謹言、

七月廿九日　（基頼）（花押）

真壁右衛門佐殿

【読み下し】

先度《せんど》（先ごろ・先日）懇ろに言上、御悦喜に候、其の口へ政治（小田）相動《はたら》き候の処、家人等戦功を励み、敵討ち捕《と》り候の由、大掾《だいじょう》方へ申し越し候、誠に心地好き思し召し候、仍って明日玉造《たまつくり》（茨城県行方市）

に至り御陣を進めらるべく候、今日当城へ政治相動くべく候、然れば、多賀谷・水谷に相談し後詰《ごづめ》の動き、簡要に候、巨細町野淡路守申し遣わすべく候、謹言、

8―①

就御動座、勝胤所へ被仰出旨候、可然様加意見候者、可為神妙候、巨細町野淡路守被仰含候也、

八月十六日　（花押《基頼》）

井田美濃守とのへ

【読み下し】

御動座に就き、勝胤（千葉）所へ仰せ出さる旨に候、然るべく様に意見を加へ候はば、神妙たるべく候、巨細町野淡路守仰せ含められ候なり、

8―②

原孫二郎不可顕不忠由、数ケ度以誓詞申上候之間、被成御油断候之処、去廿二日夜、顕色候、此上者、椎崎相談速露色候者、可為神妙候也、

十二月十一日　（花押《道哲》）

井田刑部太輔殿

【読み下し】

原孫二郎（基胤）不忠顕《あら》われべからずの由、数ケ度誓詞《せいし》（誓紙・起請文）を以て申し上げ候の間、御油断成され候の処、去る二十二日夜、色（様子・気配・きざし）顕はに候、椎崎と相談し、速やかに色を露《あら》はし候はば、神妙たるべく候なり、

8—③

昌胤所へ出頭之儀、被仰出候之処、速奉応上意候之条、神妙之至候、急度可被出御陣候、各相談走廻候者、猶以可為忠信候也、

十二月廿日　（晴氏）（花押）

井田刑部太輔殿

【読み下し】

昌胤《まさたね》（千葉）所へ出頭の儀、仰せ出でられ候の処、速やかに上意に応じ奉り候の条、神妙の至りに候、急度《きっと》御陣を出でられべく候、各相談し走り廻り候はば、猶以て忠信たるべく候なり、

8—④

就不例懇申上候、喜入候、去比十日計、以外相煩、色々療養故、則得減気候、心易可存候、一其国之

様躰、具以一書申上候、心得候、一房州并真里谷洞之事、可無力候事者令校量候、一小弓之儀、色々其聞候、如何様ニも、早々可出馬候、一諸家何も忠信候、宇都宮事、名代若輩故、しか〳〵共無之様候之間、遣使節候処、為始芳賀、何も存其旨由、及御請候、定目出可存候、一氏綱可存忠信趣候歟、酒井備中守も此分申上候、但正理ハ如何候、さて又走廻様躰によるへく候、近日も度々申上候間、これにしたかいて令挨拶候、一遠山者翻宝印、不可存別条由申上候、一臼井事申旨候歟、露命之なからへ度も、彼仁滅亡を見度迄候、一自何其国之者共、為始千葉介父子、何も無二忠信之由申上候、簡要至極候、一於其州、道哲赦免之之由申廻候由、酒井備中守書中にあらハし候、驚入候、争可為其分候哉、縦其義に候共、其国忠信者共の方へしらせ候ハぬ事あるへく候哉、於爰元者、誰かいか様申習候共、心易可存候、

一陣所火事中々口惜候、一定可有其聞候、小田・土岐原遂一戦、小田悉失利、為始信太、一類不残討死、殊たかや人衆ニハ、たかや淡路守・広瀬・青木・石島、其外おもてをいたし候もの数多討死、無是非次第候、小田事、小弓へ懇候処、如此候、去年以来天道明白候、定大慶可存候、一蕨地利、北新、去廿日夜、乗捕門橋焼落、令破却、江城へ納馬候、此時者朝興も北新もいかに存候とも、道哲用ニハ立かたく候、其後ハゆかしく候、原孫二郎にも此文みせ度候、ハや〳〵令本復候間、自筆候、心易候間、色々かき候、他見無用候、かしく、

四朔（大永四年カ）

高基（足利）

長南（武田）三河守殿

尺谷弾正忠

能々奉公申候、

心易可存候、

又妙寿ほとなく一周忌事にて候

【読み下し】

不例《ふれい》（病気）に就き、懇《ねんご》ろに申し上げ候、喜び入り候、去る比《ころ》十日計り、以外の相煩《わずら》い、色々療養故、則ち減気《げんき》（験気／病が快方へ向かうこと）を得候、心易く存ずべく候、一、其の国の様体、具《つぶ》さに一書を以て申し上げ候、心得候、一、房州（里見義豊）并びに真里谷（武田信清）洞《うつろ》（一族一門・家中）の事、無力《むりき》にすべく候の事は、校量《きょうりょう》（推測・おしはかること）せしめ候、一、小弓（足利義明・道哲）の儀、色々其の聞え候、如何様にも、早々に出馬すべく候、一、諸家何《いず》れも忠信に候、宇都宮の事、名代《みょうだい》（宇都宮忠綱）若輩《じゃくはい》の故に、しかしか共これ無き様に候の間、使節を遣はし候の処、芳賀《はが》（興《おき》綱《つな》）を始めとして、何れも其の旨存ずるの由、御請けに及び候、定めて目出存ずべく候、一、氏綱（北条）忠信の趣に存ずべく候か、酒井備中守も此の分申し上げ候、但し、正理（正しい道理）は如何《いか》に候、一、さて又、走廻《はしりまい》の様体によるべく候、近日も度々申し上げ候の間、これにしたがいて挨拶せしめ候、一、遠山（直景《なおかげ》）は宝印を翻《ひるがえ》し（牛王宝印《ごおうほういん》紙の裏面に誓詞・起請文を書くこと）、別条を存ずべからずの由、申し上げ候、一、臼井の事、申す旨に候か、露命《ろめい》（はかない命）のながらへ度も、彼の仁《じん》の滅亡を見度く迄に候、一、何より其の国の者共、千葉介（勝胤・昌胤）父子を始めとして、何れも無二忠信の由、申し上げ候、簡要至極《しごく》に候、一、其の州に於いて、道哲（義明）赦免の由、申し廻《めぐ》らし候由、酒井備中守書中にあらはし候、驚き入り候、争《いか》で（いかにして・どうして）其の分たるべく候や、縦《たと》ひ其の義に候共、其の国忠信の者共の方へしらせ候はぬ事あるべく候や、爰元《ここもと》に於いては、誰かいか様に申し習わし候共、心易く存ずべく候、

一、陣所火事、中々口惜しく（失望・残念に思うこと）候、一、定めて其の聞え有るべく候、小田（政治）・土岐原（治頼）一戦を遂《と》げ、小田悉《ことごと》く利を失い、信太を始めとして、一類《いちるい》（仲間・同族一族親類）残らず討ち死にす、殊《こと》にたかや（多賀谷）人衆には、たかや（多賀谷）淡路守・広瀬・青木・石島、其の外おもてをいたし候もの数多討ち死に、是非無き次第に候、小田の事、小弓へ懇ろ候の処、此の如《かく》く候、去る年以来、天道明白に候、定めて大慶に存ずべく候、一、蕨《わらび》（武蔵国蕨城）の地利、北新（北条新九郎氏綱）、去る二十日夜、門橋を乗っ捕《と》りて焼き落とし、破却せしむる、江城（江戸城）へ馬を納め候、此の時は朝《とも》興《おき》（扇谷上杉）も北新（氏綱）も、いかに存じ候とも、道哲（義明）用には立《たち》がたく候、其の後はゆかしく候、原孫二郎（基胤）にも此の文みせ度く候、はや〳〵本復せしめ候の間、自筆候、心易く候間、

色々かき候、他見無用に候、かしく、

9

「（封紙ウハ書）（異筆）『大永五　七　卅日到』

謹上　長尾信濃守（為景）殿　　　寿星庵（武田信清）恕鑑」

雖未申通候、令啓候、抑御先考御代者、亡父節々申承候キ、近年者、関東鉾楯、就中当国及度々忩劇、彼是以絶鴻音候条、努々非疎義候、随而北条新九郎別而申合来候之処、従両家数度御意見故、氏綱則相捨候、内々承及候、両家へ無等閑候歟、行末進退、一端預御助言候者、可為本快候、雖遠国候、相当儀不可存如在候、事々重而可申承候、恐々謹言、

（大永五年）二月廿六日　　恕鑑（花押）

謹上　長尾信濃守殿

【読み下し】

未だ申し通せず候と雖《いえど》も、啓《けい》せしめ候、抑《そもそも》御先考《せんこう》（亡き父・先君／長尾能景《よしかげ》）の御代は、亡父（武田信嗣《のぶつぐ》）節々申し承り候き、近年は、関東鉾楯《ほこたて》（戦い・戦争のこと）、就中《なかんずく》当国（上総）は度々忩劇《そうげき》に及び、彼是《かれこれ》以て鴻音《こうおん》（鴻恩／後音《こういん》・のちの音信・手紙）を絶ち候の条、努々《ゆめゆめ》疎義に非《あら》ず候、随って北条新九郎（氏綱）別して申し合わせ来し候の処、両家（山内・扇谷両上杉氏）より数度御意見故に、氏綱を則ち相捨て候、内々承り及び候、両家へ御等閑《とうかん》（ゆるがせ・おろそか・なおざり）無き候か、行く末

の進退、一端《いちはな》（真っ先に・一番先に）預かり御助言候はば、本快たるべく候、遠国《おんごく》に候と雖も、相当の儀、如在《じょさい》（なおざり・疎略・手抜き）に存ずべからず候、事々重ねて申し承るべく候、恐々謹言、

10―①

禁制

右、当手甲乙人□（等）、於妙国寺家中、濫妨狼藉不（可脱）致之、若□（有）違犯之輩者、可□（処）罪科之状、如件、

（大永六年）五月廿六日　源（真里谷武田）（花押）

【読み下し】

右、当手（武田氏の軍兵）・甲乙人（不特定多数の一般人のこと）等、妙国寺家中に於いて、濫妨狼藉これ致すべからず、若し違犯《いぼん》の輩《やから》有らば、罪科に処すべくの状、件《くだん》の如し、

10―②

禁制

右、当手甲乙人等、於総泉寺之中、濫妨狼藉之事、若有違犯之輩者、可被処罪科之状、如件、

大永六暦五月日　源（真里谷武田）（花押）

10—③

禁制

右、当手之軍□(勢)甲乙人等、於妙国寺、濫妨狼籍(藉)之事、若有違犯輩者、可被処罪科之状、依仰如件、

太(大)永六年五月日　　大膳亮(正木通綱)（花押）

【読み下し】

右、当手軍勢・甲乙人等、妙国寺に於いて、濫妨狼藉の事、若し違犯の輩有らば、罪科に処せられべくの状、仰せに依り件の如し、

10—④

凶徒罷退之由、御切紙唯今未剋致披見候、目出存候、并自武州之書状共、被越下候、白浜へも申上候、仍先度岡本ニ可致舟揺由、被仰越候間、左衛門佐談合仕、此口之舟お申付、順風相待一両日之□

急度申上候間、早々此由可給心得候、恐々謹言、

八月廿八日　　義豊（花押）

中里中務少輔殿

【読み下し】

凶徒罷《まか》り退《の》くの由、御切紙《きりかみ》（書付・簡単な書状・手紙）唯今未刻《ひつじのこく》（午後二時前後）披見《ひけん》致し候、目出存じ候、

并びに武州よりの書状共、越し下され候、白浜へも申し上げ候、仍って先度《せんど》（先ごろ）岡本に舟揺（動）かし致すべく由、仰せ越され候の間、左衛門佐《さえもんのすけ》（里見実堯）と談合仕《つかまつ》り、此の口の舟を申し付け、順風相待ち、一両日の□急度申し上げ候間、早々此の由、心得給うべく候、恐々謹言、

11―①
名都借要害被相攻時分、抽粉骨被疵之条、神妙也、弥可励忠信之条、如件、
大永（一五二七）七年十一月三日　（花押影（高基））
鮎川美濃守とのへ

【読み下し】
名都借要害、相攻める時分、粉骨抽《ぬき》んで疵を被《こうむ》るの条、神妙なり、弥《いよいよ》忠信を励むべくの条、件《くだん》の如し、

11―②
去々年（大永七年）那都借要害、被相攻時、抽粉骨被疵之条、神妙也、弥可励戦功之状、如件、
享禄（一五二九）二年三月廿日　（花押影（高基））
鮎川豊後守とのへ

12

永正十一年甲戌《きのえいぬ》、房州屋形里見太郎上総介源義通、為大将、舎弟左衛門佐実堯為次将、六月九日北郡打入、妙本寺為陣所、日要御病気故、同九月下沢御遷、同十一月十六日、七十九にて御円寂、次年三月より妙本寺取要害、実堯眼代也

13—①

今度抽粉骨忠信無比類候条、神妙之至候、然者、上野筑後守方一跡之事、侘言候、名代并一跡之事、進置候、此上之事、嗜人衆可被走回(廻)事、専一候、恐々謹言、

天文弐年(一五三三)癸巳八月日　□□□(擦り消し)（異筆）

「時茂（花押）」

上野弥次郎殿

(奥上追而書)追而委様体肥田可被申候、

【読み下し】

今度、粉骨抽んじての忠信、比類無き候の条、神妙の至りに候、然れば、上野筑後守（助国《すけくに》）方の一跡《いっせき》（跡目・家督および遺領）の事、侘言《わびごと》（依頼・請願）候、名代并びに一跡の事、進《まいら》せ置き候、此の上の事、人衆（軍勢・軍兵）を嗜《たしな》み（用意すること・心掛けること）走り廻らるべき事、専一に候、恐々謹言、

追って委《くわ》しき様体、肥田申されべく候、

13―②

八月廿一日、於房州妙本寺、被致先懸砕手、既梱討、高名無比類候、神妙之至感入候、仍馳一書者也、謹言、

天文弐年癸巳

八月廿三日　為昌（北条）（花押影）

山本太郎左衛門尉（家次）殿

【読み下し】

八月二十一日、房州妙本寺に於いて、先懸《さきがけ》致し手を砕《くだ》かれ（あるかぎりの力をつくすこと）、既《すで》に（残らず・すべて）梱討《こんとう》（押し包んで討つことか）、高名比類無き候、神妙の至り感じ入り候、仍って一書を馳せるものなり、謹言、

14―①

「（墨引）」（端裏切封）

於上総御本意之上、一庄可有御刷候、巨細二階堂中務太輔・堀江下総守可申遣候、謹言、

（天文三年カ）五月十日　（足利道哲）（花押）

武田大夫（信応カ）殿

【読み下し】

上総御本意の上に於いては、一庄御刷《つくろい》（取り計らい）有るべく候、巨細二階堂中務太輔《なかつかさたいふ》・堀江下総守申し遣はすべく候、謹言、

14—②

（端裏切封）「（墨引）」

如度々被仰出、父子間一人、急度令参陣候者、可為御悦喜候、此口之事者大概味方仁参候、心安可存候、巨砕堀江下総守可申遣候、謹言、

五月十九日　（足利道哲）（花押）

武田大夫（信応カ）殿

【読み下し】

度々仰せ出でらるの如く、父子（恕鑑と信応）の間一人、急度参陣せしめ候はば、御悦喜たるべく候、此の口の事は、大概（大部分・だいたい）味方に参り候、心安く存ずべく候、巨砕《こさい》堀江下総守申し遣はすべく候、謹言、

15―①

于今煩之由、聞召候、誠以無御心元候、無油断養生、早々平元可目出度候、近日減気様聞召度候間、被遣御使候、巨細堀江大蔵丞被仰含候、謹言、

（天文三年カ）六月十八日　（道哲）御判

大弓之御書

（恕鑑）武田式部大夫入道殿

【読み下し】

今に煩《わずら》いの由、聞こし召し候、誠に以て御心元無く候、油断無く養生し、早々元に平《なら》すべく目出度く候、近日減気《げんき》（験気／快方に向かうこと）の様を聞こし召し度く候、御使を遣わされ候、巨細堀江大蔵丞仰せ含められ候、謹言、

15―②

鶴岡鳥居木事承候、佐貫市場浦ニ御座候、可被為取候、其外材木事、今度御陣中方々引散申由申候、然者、材木事、如何程モ相渡可申候、亦、同名八郎太郎物詣之儀、相定候、久留里之様躰、如何様落着申候哉、委切紙承度候、某者可罷立陣所可給候、恐々謹言、

（天文六年）六月六日　心盛斎全方

（祥仙）逸見山城入道殿

【読み下し】

鶴岡の鳥居木の事、承り候、佐貫市場浦に御座候、取り為されべく候、其の外材木の事、今度、御陣中の方々、引き散り申す（退散いたすこと）の由、申し候、然らば、材木の事、如何《いか》ほどでも相渡し申すべく候、亦《また》同名（真里谷武田）八郎太郎（信隆）物詣《ものもう》での儀、相定まり候、久留里の様体、如何様に落着申し候や、委《くわ》しく切紙《きりかみ》（書付・簡単な書状・手紙）にて承り度く候、某《それがし》なれば、罷《まか》り立つべく陣所を給うべく候、恐々謹言、

15―③

従鎌倉鶴岡院家中被御申上候、氏綱社頭造営被申候、幣殿・拝殿取破被申候、彼御造営材木丸庄被取置候、神慮事候間、被仰付越可給候由、被申上候、彼材木被落付候者、八幡御神慮、亦者上様可為御奉公候、此段自私可申届候由、上意候、将亦今度御出陣故、何方モ如思召候、真里谷八郎太郎可致物詣之由候、身命無相違可被為送之由、以真如寺被申定候、北方御調儀之時分、可有御参上候、猶材木国中被仰付候者、可然奉存候、委曲重而可申候間、令省略候、恐々謹言、

（天文六年）六月六日　逸見山城入道祥仙

（義堯）里見殿

【読み下し】

鎌倉鶴岡院家中より御申し上げられ候、氏綱社頭《しゃとう》（社殿の辺り）造営申され候、幣殿《へいでん》・拝殿取り破れ申され候、彼の御造営材木、丸庄《まるのしょう》（安房国／南房総市）に取り置かれ候、神慮《しんりょ》の事に候間、仰せ付けられ越し給うべく候の由、申し上げられ候、彼の材木、落ち付（着）かれ候はば、八幡の御神慮、亦《また》は上様（足利義明）の御奉公たるべく候、此の段、私より申し届けべく候の由、上意に候、将亦《はたまた》、陣の故に、何方《いずかた》も思し召しの如く候、真里谷八郎太郎（信隆）物詣《ものもう》で致すべくの由候、身命相違無く送り為されるへくの由、真如寺《しんにょじ》（真里谷武田氏の菩提寺／木更津市）を以て申し定められ候、北方へ調儀《ちょうぎ》の時分、御参上有るべく候、猶《なお》材木国中へ仰せ付けられ候はば、然るべく存じ奉り候、委曲《いきょく》は重ねて申すべく候の間、省略せしめ候、恐々謹言、

16—①

猶今度手軽参陣、真実奇特候、堅可遣使節候哉、追而下口より押返揺候由、其聞候間、于今出馬取乱候、然間令参候、

今度向関宿、道哲成揺候之処、則刻参陣、誠以忠信之条、感悦候、朝興事者岩付口へ相揺、少々相散候、如只今者方々如此之上、大切迄候、無油断有同意、依一左右速参陣、尚以可喜入候、委細蓮沼対馬守可令対談候、かしく、

「（切封墨引）
（裏紙奥ウハ書）

小山修理大夫（政長）殿　　　　高基（足利）」

【読み下し】

猶《なお》、今度手軽《てがる》（機敏・手早い・すばやいこと）し参陣、真実奇特《きとく》（神仏の不思議な力／感心すべきさま・賞讃すべき行為のこと）に候、堅く使節を遣はすべく候や、追って下口より押し返し揺（動）かし候の由、其の聞え候の間、今より出馬取り乱れ候、然る間、参じせしめ候、
今度、関宿に向け、道哲（足利義明）揺（動）きを成し候の処、即刻参陣、誠に以て忠信の条、感悦に候、朝興《ともおき》（扇谷上杉）の事は、岩付口へ相揺《うご》き、少々相散り（退くこと）候、只今の如くは、方々此《かく》の如くの上、大切までに候、油断無く同意あり、一左右《いっそう》（一報・命令）に依り速やかな参陣、尚以て喜び入るべく候、委細蓮沼対馬守対談せしむべく候、かしく、

16―②

道哲御膝下江取懸候之間、出馬候処、聊参陣、誠以忠功之至感悦候、殊於自今以後も、無二可被存忠信之段、以誓詞言上、喜入候、自元無御別条上、弥以不可有御等閑候、若偽候者、八幡大菩薩可有照覧候、恐々謹言、

七月五日　　　　晴氏（花押）

小山六郎（高朝）殿

【読み下し】

道哲（義明）、御膝下《ひざもと》へ取り懸《か》くる（攻め寄せること）候の間、出馬候の処、聊《いささ》か参陣、誠に以て忠功の至り感悦に候、殊に自今《じこん》以後に於いても、無二忠信に存ぜられべくの段、誓詞を以ての言上、喜び入り候、元より御別条無き上は、弥《いよいよ》以て、御等閑《とうかん》（疎か・ゆるがせ・なおざり）有るべからず候、若し偽《いつわ》り候はば、八幡大菩薩、照覧有るべく候、恐々謹言、

16—③

就南殿向関宿、可有御揺之聞、時宜必然候者、可有　御動座之上、一勢可立進之由、従　公方様被仰出候、尤存其旨之段及御請候、然者不日可進発候、有用意速参陣、可為肝要候、委曲倉賀野中務少輔可申遣候、謹言、

六月十五日　　憲政（上杉）（花押）

小林平四郎殿

【読み下し】

南殿（義明）関宿へ向かふに就き、御揺ぎ（軍を動かすこと）有るべくの聞え、時宜《じぎ》必然に候はば、御動座有るべの上、一勢を立て進《まいら》すべくの由、公方様（足利晴氏）より仰せ出され候、尤も其の旨存ずるの段、御請けに及び候、然れば、不日《ふじつ》（日を経ずに／すぐに・直ちに）進発すべく候、用意有りて

速やかな参陣、肝要たるべく候、委曲倉賀野《くらがの》中務少輔《なかつかさしょう》申し遣はすべく候、謹言、

17—①

下総八幡之庄之内、真間弘法寺門前之田畠、如前々可遂知行者也、依仰、令下知之状、如件、

天文七年（一五三八）六月廿八日　祥仙（逸見）（花押）

弘法寺

御房

【読み下し】

下総八幡の庄の内、真間弘法寺門前の田畠、前々の如く知行遂げべくものなり、仰せに依り、下知せしめるの状、件《くだん》の如し

17—②

当別当御進退之義ニ付而、自衆中貴札到来、雖　古河様小弓御退治候、其以後者、巨細速不存候、尤来春早々御帰海簡要候、委細小別当可為伝聞候、恐々謹言、

（異筆）「天文八乙亥《きのとい》」

十二月廿八日　左京大夫氏綱（北条）（花押）

謹上　雪下院家中

【読み下し】

当別当の御進退の義に付きて、衆中より貴札《きさつ》到来す、古河様、小弓御退治候と雖も、其れ以後は、巨細速やかに存ぜず候、尤も来春早々に御帰海、簡要に候、委細小別当（鶴岡八幡宮小別当・大庭良能《よしのり》）伝聞たるべく候、恐々謹言、

18—①

急度申遣候、仍向房州可有御動座候、此度昌胤令同心、速自身被馳参候者、可為御悦喜候、巨細尺谷美作守ニ被仰含候、謹言、

五月廿七日　　　晴氏（花押）

千葉八郎《胤定》殿

【読み下し】

急度《きっと》申し遣はし候、仍って房州へ向け御動座有るべく候、此の度《たび》昌胤（千葉）同心せしめ、速やかに自身馳せ参ぜられ候はば、御悦喜たるべく候、巨細尺谷美作守に仰せ含められ候、謹言、

18—②
国中之様体以代官言上、其以後之儀無心元候間、遣豊前左京亮候、可然様其備可為簡要候、巨細被仰含口上候、謹言、

八月五日　　　　晴氏（花押）

千葉介《昌胤》殿

【読み下し】

国中の様体、代官を以て言上す、其れ以後の儀、心元無く候の間、豊前左京亮《ぶぜんさきょうのすけ》を遣はし候、然るべく様に、其の備へ簡要たるべく候、巨細口上仰せ含められ候、謹言、

19—①
か丶りけるところに、志よほうこう《諸奉公》のかたがた《方々》、又、国かた《方》のめんめん《面々》のくび《首》共を、こ丶にたづね《尋》て、志ゆつけ《出家》たち、こうのだい《国府台》によりきたり《寄り来》、くび《首》を見わけて、とりどりに、ころも《衣》の袖にをしつ丶み《押し包》、かたわら《傍》さして、わうらい《往来》しては、三まい《三昧》にをしかくし《押し隠》、ねんぶつ《念仏》するぞ、あわれ《哀》也

19—②
為祝詞、鵝眼到来、目出度候、巨細佐野藤三可申遣候、恐々謹言、

六月六日　　　　　　　　　　　龍王（足利義純）

鏤阿寺衆中

【読み下し】

祝詞《しゅくし》として、鵝眼《ががん》（銭）到来す、目出度く候、巨細佐野藤三（弘綱）申し遣はすべく候、恐々謹言、

20—①

今度於国府台、抽粉骨走廻候之条、感思召候、謹言、

「（貼紙）天文七年　戊戌《つちのえいぬ》十月」　　晴氏（貼紙）」

十月廿一日（一五三八）　　　　　　（花押）（足利晴氏）

伊東右馬允殿

【読み下し】

今度、国府台に於いて、粉骨抽んじて走り廻るの条、感じ思し召し候、謹言、

20—②

就今度氏綱忠信之儀、走廻之条、感じ思し召し候、謹言、

十月廿六日（天文七年）　　　　晴氏（足利）在判

徳陰斎《（澁江弾正左衛門尉）》

【読み下し】

今度、氏綱（北条）忠信の儀に就き、走り廻るの条、感じ思し召し候、謹言、

20—③

当乱中抽丹誠、御祈禱申候之間、妙見禰宜職之事、被下候、如先世可被祈者也、

天文七年

霜月十五日　（花押影）《（千葉昌胤）》

左衛門大夫方へ

【読み下し】

当乱中、丹誠抽んで御祈禱申し候の間、妙見禰宜職の事、下され候、先世の如く祈られべく候ものなり、

21

をそれ《（恐）》なから申上候、太平寺殿《（青岳尼）》むかい地《（向かい地）》へ御うつり《（移）》、まことにもって、ふしき《（不思議）》なる御くわたて《（企）》、せひ《（是非）》ニをよはす《（及）》候、太平寺御事ハ、からん《（伽藍）》の事、たやし《（絶）》申よりほかこれなく候、しかる所ニ、又、御しんさう《（新造）》をぬすミ取へきよし、よく〱き、と、け申候、玉なわ《（縄）》へうつし申へく候、かたく御

いけん（異見・意見）あつて、日けん（限）のことく入御うあるへく候、若とかくあつてハ、その御寺へうらミ（恨）入申へく
候よし御ひろう（披露）、かしく、
卯月廿三日　　　　　　　　　　うち（氏）康
東慶寺
いふ（衣鉢）侍者

22—①
義
元亀五年（天正二年／一五七四）
正月四日　　　　　　　　　（花押）（頼淳）
逸見源三郎殿

22—②
「逸見右馬助（封紙ウハ書カ）　　　　頼淳」
官途之事申上候、御心得候、謹言、
臘月（十二月）十日　　　　　　　　（花押影）（頼淳）
逸見右馬助殿

【読み下し】

官途《かんと》の事、申し上げ候、御心得候、謹言、

22—③

（封紙ウハ書カ）
「逸見式部少輔殿　　頼淳」

官途之事、中上候、御意得候、謹言、

正月十日　　（頼淳）（花押影）

逸見式部少輔殿

【読み下し】

官途の事、申し上げ候、御意《ぎょい》を得候、謹言

22—④

官途之事、中上候、御意得候、謹言、

二月九日　　頼淳（花押影）

岡本兵部少輔殿（氏元）

【読み下し】

官途の事、申し上げ候、御意《ぎょい》を得候、謹言

22—⑤
今度義頼江条々及取成候、孚感思召候、殊御重代之御劔持参、不浅儀候、因茲、御書被成之候、於向後猶以可走廻候、謹言、

（天正九年）十月九日　　頼淳（花押影）

岡本兵部少輔殿（氏元）

【読み下し】
今度、義頼（里見）へ条々取り成しに及び候、孚《まこと》に感じ思し召し候、殊《こと》に御重代の御劔持参、浅からず儀に候、茲《ここ》に因《よ》り、御書をこれ成され候、向後《きょうこう》に於いては、猶以て走り廻るべく候、謹言、

22—⑥
（封紙ウハ書）
「太田美濃守殿　　頼淳」
近年世上故、以御使節不被仰出候キ、然者、正木大膳亮連々企逆意付而、被遂退治、房・総義頼静謐、可為心易候、殊更甲・相之防戦、勝頼過半本意之由、其聞候、此刻一途相稼専要思召候、就中、御進退、定而義頼可被及御取成候之間、中合走廻候之者、可為簡要候、猶委曲両人可申遣候、謹言、

十一月廿七日(天正九年)
太田美濃守(道誉)殿
(花押)(頼淳)

【読み下し】

近年の世上故に、御使節を以て、仰せ出されず候き、然らば、正木大膳亮（憲時《のりとき》）連々《れんれん》（しきりに）逆意を企てるに付きて、退治を遂げられ、房・総（安房・上総）義頼（里見）静謐《せいひつ》す、心易《やす》かるべく候、殊更《ことさら》に（とりわけ）甲・相（甲斐・相模）の防戦、勝頼《かつより》（武田）過半本意の由、その聞え候、此の刻《きざ》み（時・折）一途《いちず》に相稼《かせ》ぎ専要に思し召し候、就中《なかんずく》、御進退、定めて義頼（里見）御取り成しに及ばるべく候の間、申し合はせ走り廻り候はば、簡要たるべく候、猶、委曲《いきょく》両人申し遣はすべく候、謹言、

22—⑦

雖未申通候、依　御内儀令啓達候、抑近年者御世上故、御不通様候キ、殊更去年以来正木大膳亮(憲時)上下鉾楯付而、公私窮屈以堅(賢)察前候、然者、今度有忠信之仁、当城小田喜之地被属本意候、如斯之上、御進退一途可有御取成逼塞候之間、申合走廻候者、可為御悦喜候、甲・相之儀、追日勝頼(武田)出張之由、其聞候、雖被仰出迄無之候、其口之調専一候、此等之旨趣、内々以御使節可被仰出之処、路次等御遠慮之間、先々御書被成之候、此段任　上意、捧愚札候、委砕(細)御報所仰候、恐々謹言、

佐野大炊頭

小曾禰右馬允

為綱（花押）

胤盛（花押）

（天正九年）霜月廿七日

太田美濃守（道誉）殿

【読み下し】

未だ申し通せず候と雖も、御内儀（足利頼淳）より啓《けい》達しせしめ候、抑《そもそも》近年は御世上故に、御不通の様に候き、殊更、去る年以来、正木大膳亮（憲時）上下鉾楯《ほこたて》（戦い・戦争）に付きて、公私窮屈《きゅうくつ》を以て賢察《けんさつ》の前に候、然れば、今度忠信の仁《じん》有り、当城小田喜の地、本意に属され候、斯《か》くの如くの上、御進退一途に御取り成し有るべく逼塞《ひっそく》候の間、申し合はせ走り廻り候はば、御悦喜たるべく候、甲・相（甲斐・相模）の儀、追日勝頼（武田）出張の由、其の聞え候、仰せ出さるまでこれ無き候と雖も、其の口の調《ととの》え（備え）専一に候、此等の旨趣《ししゅ》（事のわけ・理由）、内々御使節を以て仰せ出さるべきの処、路次等御遠慮の間、先々御書これ成され候、此の段、上意に任せ、愚札《ぐさつ》を捧《さしあ》げ候、委砕（細）御報に仰せの所に候、恐々謹言、

23—①

今般於奥州陣、兵部少輔仕合、不覃是非候、老後之上、一入蒙昧令察候、内々急速可被仰出候処、古

河ニ被立御座候間、御遅延候、委細佐野大炊頭可申遣候、謹言、

無神月（天正十八年）（十月）拾日　国朝（喜連川）（花押影）

岡本但馬守（元悦）殿

【読み下し】

今般、奥州陣に於いて、兵部少輔（岡本氏元）仕合はせ（めぐり合わせ・運命／横死か）、是非に覃《およ》ばず候、老後の上、一入《ひとしお》の矇昧《もうまい》（おろか・物事にくらいこと）察しせしめ候、内々急速に仰せ出され候の処、古河に御座を立てられ候の間、御遅延に候、委細佐野大炊頭（為綱）申し遣わすべく候、謹言、

23—②

今般此口就御移、即以御使可被仰候処、御上洛被立思食候、其御取紛故、御遅延口惜候、従何義康無相違上洛候、肝要候、此由義康老母江意得申届尤候、殊於自分茂、于今不被仰出候、無御心許候、委曲佐野大炊頭可申届候也、謹言、

霜月（天正十八年）拾五日　国朝（喜連川）（花押影）

岡本但馬守（元悦）殿

【読み下し】

今般、此の口御移りに就き、即ち御使を以て仰せられべく候の処、御上洛に立たれ思《おぼ》し食《め》し候、其の

御取り紛《まぎ》れ故に、御遅延口惜しく候、何より義康（里見）相違無く上洛候、肝要に候、此の由、義康老母へ意を得て申し届け尤もに候、殊に自分に於いても、今に仰せ出されず候、御心許無く候、委曲佐野大炊頭（為綱）申し届けべく候なり、謹言、

23—③

在陣之砌ハ於京都遂会面満足ニ候、其以往遠境故無音、無御心元候、陣中之辛労察入候、高麗悉御静謐之段、寔肝要此事候、何比可被明御隙候哉、早速帰国令念願候、恐々謹□（言）、

（文禄元年カ）八月六日　　（喜連川）国朝

（義康）里見侍従殿

【読み下し】

在陣の砌《みぎり》は、京都に於いて会面《かいめん》を遂げ満足に候、其れ以往《いおう》、遠境故に無音《むいん》、御心元無く候、陣中の辛労《しんろう》察し入り候、高麗《こうらい》悉く御静謐《せいひつ》の段、寔《まこと》に肝要此の事に候、何比《いつごろ》御隙《すき》を明けられべく候や、早速に帰国、念願せしめ候、恐々謹言、

23—④

一みやうし・かとく之事、尤御心得候、一思食様候者、御あつかいよ人かわるへく候、依中上候、御

一札被下之候、

三月廿一日　(国朝カ)(花押影)

逸見源太郎殿

【読み下し】

一、名字・家督の事、尤も御心得候、一、思し食す様に候はば、御扱い余人かわるべく候、依って申し上げ候、御一札これ下され候、

23—⑤

為御陣見廻、使札并鴈（雁）俣百ケ贈賜之候、於大坂相達候、懇志悦覚候、仍高麗国平均被仰付候、来春有御渡海国割等可被相究申候、猶山中橋内可申候、謹言、

(文禄元年)八月廿四日　(豊臣秀吉カ)(朱印、印文未詳)

(国朝)鎌倉右兵衛督殿

【読み下し】

御陣見廻しのため、使札并びに雁俣《かりまた》（矢じりの一種）百ケ贈り賜はり候、大坂に於いて相達し候、懇《こん》志《し》悦に覚え候、仍って高麗国平均を仰せ付けられ候、来春に御渡海有り、国割等相究め申さるべく候、猶、山中橋内（長俊）申し洩《の》ぶべく候、謹言、

24—①
御ちこさま、きつれかは《（喜連川）》へ御うつり《（移）》候につゐて、其寺家ににあひ《（似合）》のかたしつけ申候間、いつものことく御うつりあるへく候、御ちこさま御在寺のうちの御しやくもつ《（借物）》の事をは、けんみつ《（厳密）》に御すましあるへく候、そのために印判こし《（越）》まいらせ《（進）》候、以上、

巳（文禄二年）

六月十三日　（朱印、印文「久栄」）

石堂寺

御ゐんきよへまいる

24—②
一、先筆故、当地へ御引移リ之次第、頼氏公様、戦国之砌《みぎり》、安房国朝夷郡《あさいぐん》丸之庄石堂村石堂寺ニ御隠《おかくれ》被為入《いらせ》候節、御信心之御守護・御本尊正観音ニ而、佐々木家先祖観明院頼高《よりたか》、当地へ御供仕《つかまつり》、引移リ候節、御持せ被成候而、御安置被遊候

一、当御所五代以前、左馬頭頼氏公、野州喜連川江御移被成候、其節、我等祖父ト祖父妹両人、祖父之叔父観明院、都合四人被召連候、然所ニ観明院病死

一、祖父者、富田九右衛門と申候、我等親又左衛門申候者、本名者、佐々木ニ御座候

一、御所之旧臣共、安房・上総・下総之内ニ隠レ居候由、然者、本名之儀茂《も》、世上江相知《あいしらせ》不申《もうさず》候様ニ心掛ト覚候

【足利義明関係年表】

西暦	年号	事項
一四五四	享徳三	十二月、鎌倉公方足利成氏が、近臣の結城成朝・武田信長・里見義実・印東式部少輔らの兵をもって、関東管領上杉憲忠主従を鎌倉西御門の御所において謀殺する（享徳の大乱始まる）。
一四五五	康正一	六月、今川範忠の成氏討伐軍、鎌倉へ乱入する。足利成氏、下総国古河城に御所を構える（古河公方の成立）。七月、改元。
一四六七	応仁一	一月、応仁の乱起こる。三月、改元。
一四八五	文明十七	この年、足利政氏の嫡子高基（幼名亀王丸／初名高氏）生まれる。
一四八七～九	長享一～三	この頃、足利政氏の二男義明（幼名愛松王丸／空然／のち宗斎・道哲）生まれる。
一四九七	明応六	九月、足利成氏没する（享年六十四）。古河公方足利政氏。
一五〇一～四	文亀一～四	この頃、足利政氏の二男愛松王丸、得度して「空然」と名を改め、鎌倉鶴岡八幡宮若宮別当（雪下殿・社家様）となる。
一五〇六	永正三	四月、古河公方政氏と嫡子高氏（のち高基）との「両上様」による権力抗争起こる（永正の乱）。
一五〇九	永正六	六月、「両上様御一和」が成立して、高氏は古河城へ帰座し、名を「高基」と改めた。
一五一〇	永正七	六月、雪下殿空然、上杉氏に対して反乱を企て武蔵太田庄で挙兵。古河公方政氏と高基の抗争、再燃する。この頃、空然は名を「宗斎」と改める。
一五一二	永正九	七月、足利政氏、高基の圧力により古河城から退き、小山成長の下野国小山城へ移る。かわって関宿城から高基が古河城へ入り、古河公方足利高基が成立。この頃、宗斎（空然）還俗して「義明」と名乗る。

一五一五	永正十二	この年、足利政氏を支えた関東管領上杉顕実（政氏の弟／上杉顕定養子）没する。関東管領上杉憲房。
一五一六	永正十三	七月、伊勢宗瑞、相模国三浦郡新井城の三浦氏を滅ぼす。八月、足利政氏派の扇谷上杉建芳（朝良）、上総真名城の佐々木三上但馬守の軍勢二千余騎をもって、高基派の下総千葉亥鼻城を攻め、原蔵人丞・東六郎らを討ち取る。十一月、伊勢宗瑞、上総へ渡海して、三上佐々木氏の二宮庄内へ進攻し、藻原の妙光寺に対して制札を出す。十二月、足利政氏、小山から扇谷上杉建芳を頼って武蔵岩付城へ移る。下総国下河辺庄高柳の足利義明、父政氏の後継者を主張して、兄高基に対抗する。
一五一七	永正十四	十月、上総の真里谷武田氏、三上佐々木氏の三上城（真名城）および原氏の下総小弓城（生実城）を攻略する。原二郎・高城越前守父子討ち死にし、高城下野守逐電する。
一五一八	永正十五	四月、江戸城の扇谷上杉朝長（建芳）没する。足利政氏、太田庄久喜甘棠院へ隠遁す。七月、足利義明、下総国下河辺庄高柳から上総国市原庄八幡郷へ移座する。
一五一九	永正十六	四月、伊勢宗瑞、子息菊寿丸（長綱／幻庵宗哲）に上総二宮庄内の所領を与える。七月、伊勢（北条）氏綱、上総へ渡海し、藻原の妙光寺へ制札を出す。八月、伊勢宗瑞、伊豆韮山城で没する（享年八十八）。同月、古河公方足利高基、下総の結城六郎、常陸の羽生上総介、萱谷摂津守らの軍勢を率いて、義明を支える真里谷武田氏の上総椎津要害（椎津城）を攻める。
一五二〇	永正十七	六月、足利義明の命を受けた里見義通の軍勢、高基派の武田宗信の上総長南・小田喜両城近辺へ攻め寄せ、田井・横山・小沢要害・根小屋などの諸城を打ち散らす。この六月以降、翌永正十八年八月までの間に、足利義明の小弓城（生実城）移座が行なわれる。この頃から「道哲」を号す。
一五二一	永正十八（大永一）	三月、里見義通の軍勢、西下総へ進出し、古河方の高城氏と戦い、同家臣畔蒜彦五郎・田嶋図書助・鈴木太郎右衛門らを討ち取り、名都借城を攻略する。六月、里見軍、高城氏の小金行人台城を攻略し、同家臣鈴木帯刀・同兄弟民部少輔らを討ち取る。八月、小金から市河にかけて、小弓・古河両軍、追撃戦を行ない、討ち死に者多数を出す。八月二十三日改元。
一五二三	大永三	閏三月、古河方の常陸江戸崎城主・土岐原源次郎治頼、屋代氏の東条庄屋代城を攻落し、小弓方の小田政治・麻生淡路守の軍勢を敗る。

一五二四	大永四	一月、北条氏綱、扇谷上杉朝興の江戸城を攻略する。遠山直景、江戸城代となる。氏綱、武蔵品川の妙国寺・本光寺へ制札を与える。二月、氏綱、武蔵岩付城を攻略。扇谷上杉朝興、河越城へ退く。七月、朝興、岩付城を奪還。武蔵品川の妙国寺・本光寺へ禁制を出す。
一五二五	大永五	二月、北条氏綱、岩付城を再度攻略する。江戸・河越両城の陥落によって、扇谷上杉氏に属してきた武蔵千葉氏および西下総高田城の匝瑳氏ら、北条氏に服属する。
一五二六	大永六	五月、正木大膳亮（通綱）と真里谷武田氏の水軍、江戸城下の南品川へ渡海して攻め、それぞれ鳳凰山妙国寺へ禁制を出し、さらに真里谷武田氏の水軍が隅田川へ入って浅草寺に近い石浜・橋場へ進攻し、橋場の総泉寺へ禁制を下す。十二月、里見義豊、同実堯の水軍、鎌倉へ渡海し、鶴岡八幡宮の宝蔵を破却する。
一五二七	大永七	十月、簗田氏家臣の鮎川美濃守・同豊後守の水軍、小弓方に奪われた西下総の名都借城を攻撃する。
一五三一	享禄四	七月、足利政氏没する（享年六十六）。九月、関東管領上杉憲政。
一五三三	天文二	七月、安房国稲村城主・里見義豊、上総金谷城の叔父里見実堯および老臣正木大膳大夫（通綱）を召喚し、両人を誅殺する（天文の里見氏内訌起こる）。八月、義豊、直ちに実堯および正木氏の地盤である内安房佐久間郷方面へ進出し、吉浜村妙本寺へ禁制を出す。同月、里見義堯・正木時茂・同時忠ら、北条の援軍・山本氏の水軍とともに、義豊の妙本寺要害を陸海から攻め、これを陥れる。九月、義豊、敗北して「房州悉没落」し、上総の真里谷武田氏を頼る。十月、里見義堯、「房州守護」となる。
一五三四	天文三	四月、里見義豊、上総の真里谷武田恕鑑の援助を受けて安房へ進攻し、義堯の軍と稲村城外で戦ったが敗れ、「義豊為始数百人打捕」られる。七月、上総真里谷城主・武田式部大夫入道恕鑑（信清／寿星庵）死去する。
一五三五	天文四	六月、原氏の家督を継いだ原基胤（胤隆の長子）、足利義明に奪われた小弓（生実城）奪還のため軍兵を率いて押し寄せ、小弓の東、野田村の合戦に敗れ、討ち死にする。十月、足利高基死去する（享年五十一）。古河公方足利晴氏。
一五三六	天文五	七月、原胤隆、下総国北相馬郡府河（布川）で没する。

一五三七	天文六	四月、扇谷上杉朝興（法名道興）武蔵河越城で病没（享年五十）。五月、上総錯乱す。真里谷武田氏の内紛起こる。小弓公方足利義明・里見義堯、惣領真里谷信応を支援する。六月、真里谷武田信隆、敗れて鎌倉へ去り、その後、北条氏を頼って武蔵金沢に在宿する。七月、北条氏綱、扇谷上杉朝定の河越城を攻め落す。朝定、松山城へ退く。
一五三八	天文七	二月、北条氏綱、上杉家臣大石氏の守備する下総葛西城を攻落し、次いで太田資正の武蔵岩付城近辺を放火する。六月、義明の奉行人・逸見山城入道祥仙、先鋒隊として西下総国府台城へ進出し、真間山弘法寺へ「依仰」として寺領安堵の下知状を出す。九月、義明の本隊、国府台城へ入る。十月、北条氏綱出陣し、松戸台・相模台で合戦となる。小弓軍敗れ、足利義明・義純父子、同基頼以下数百人討ち死にす。里見義堯、退却する。義明の近臣ら、小弓城を焼き払い、御曹司国王丸（頼淳）を伴って脱出し、上総小田喜城の真里谷武田朝信を頼る。足利国王丸、上総小田喜に居住して「新城之御所」と号するという。北条氏綱、上総へ進出して中島に陣をとる。原胤清、小弓城を回復し、また武田信隆、真里谷惣領に復権し、真里谷城主となる。古河公方足利晴氏、国府台合戦で活躍した北条家臣の伊東右馬允・徳陰斎（渋江弾正左衛門尉）らに感状を与える。十一月、千葉昌胤、千葉妙見宮の禰宜左衛門大夫に対して、国府台合戦の戦勝祈念の祈禱の功を賞し、改めて「妙見禰宜職」に任ずる。
一五四二	天文十一	この年、正木時忠、上総国勝浦城に入る。十二月、時忠、勝浦城下に年貢を賦課する。
一五四四	天文十三	八月、正木時茂、上総国夷隅郡「刈原」の合戦で、小田喜城主・真里谷武田朝信を討ち取る。時茂、小田喜城を本拠地とする。
一五四九～五〇	天文十八～十九	この頃、小田喜の足利国王丸（十四、五歳）元服し、実名「頼淳」を名乗る。
一五七二	元亀三	この年、足利頼淳の長子「乙若丸」（国朝）生まれる（母は佐野大炊介政綱の女という）。
一五八〇	天正八	この年、足利頼淳の二子「龍王丸」（頼氏）生まれる（母佐野大炊介政綱の女）。
一五八一	天正九	九月、小田喜城主・正木大膳亮憲時、家臣佐々木氏によって殺害される。里見義頼、小田喜へ打ち入る。足利頼淳・乙若丸・龍王丸ら、義頼に属し、その後、安房国丸郡内の石堂寺へ移居する。

一五九〇	天正十八	七月、小田原北条氏滅亡。八月、徳川家康、関東入封。同月、豊臣秀吉の命により、故古河公方足利義氏の遺子「姫君様」（氏姫）と故小弓公方足利義明の孫国朝（頼淳の長子）との婚姻をもって下野喜連川家（三五〇〇石）が成立する。
一五九三	文禄二	二月、喜連川足利国朝、文禄の役に際して九州肥前へ向かう途中、安芸国において病没する（享年二十二）。豊臣秀吉の命により、安房国石堂寺にいた足利龍王丸（頼氏）、兄嫁氏姫を娶って下野喜連川家を相続する。
一六〇〇	慶長五	九月、関ヶ原合戦。
一六〇一	慶長六	五月、足利頼淳、下野喜連川の地で没する（享年六十七）。
一六三〇	寛永七	六月、喜連川足利頼氏、没する（享年五十一）。

【著者紹介】

千野原靖方（せんのはら・やすかた）

栃木県那須郡東那須野村（現那須塩原市）に生まれる。本籍地・千葉県松戸市。明治大学（日本史専攻）卒。歴史家。専門は中世東国史。

主な著書に、『上総広常 房総最大の武力を築いた猛将の生涯』（戎光祥出版）、『千葉氏 鎌倉・南北朝編』『千葉氏 室町・戦国編』（崙書房／たけしま出版）、『戦国期江戸湾海上軍事と行徳塩業』『出典明記 中世房総史年表』（岩田書院）、『房総里見水軍の研究』『中世房総の船』『東葛の中世城郭』『常総内海の中世』『新編房総戦国史』『関東戦国史〈全〉』『戦国房総人名辞典』『将門と忠常』（以上崙書房出版）、『手賀沼をめぐる中世①城と水運』『手賀沼をめぐる中世②相馬氏の歴史』『下総原氏・高城氏の歴史—その系譜関係と支配構造—〈上・下〉』（以上たけしま出版）など多数。

装丁：川本 要

戎光祥郷土史叢書03

改訂新版《かいていしんぱん》 小弓公方足利義明《おゆみくぼうあしかがよしあき》
戦国北条氏《せんごくほうじょうし》と戦《たたか》った房総《ぼうそう》の貴種《きしゅ》

二〇二三年五月一〇日　初版初刷発行

著　者　千野原靖方
発行者　伊藤光祥
発行所　戎光祥出版株式会社
東京都千代田区麹町一-七
相互半蔵門ビル八階
電　話　〇三-五二七五-三三六一㈹
FAX　〇三-五二七五-三三六五
編集協力　株式会社イズシエ・コーポレーション
印刷・製本　モリモト印刷株式会社

https://www.ebisukosyo.co.jp
info@ebisukosyo.co.jp

ISBN978-4-86403-474-6